Momentos Hispanos

Momentos Hispanos

Second Edition

Louis Cabat

Former Chairperson, Department of Foreign Languages,
Midwood High School, New York City

Former Lecturer in Foreign Languages,
Brooklyn College, New York City

Robert Cabat, PhD

Former Assistant Professor of Spanish,
Kingsborough Community College, New York City

Former Acting Director and Assistant Director of Foreign Languages,
New York City Public Schools

Former Assistant Principal/Foreign Languages,
New Utrecht High School, New York City

Amsco School Publications, Inc.
315 Hudson Street New York, N.Y. 10013

MOMENTOS HISPANOS is dedicated to Louis and Rose Cabat, whose knowledge and inspiration were instrumental in the preparation of the original edition of the book; to Jonathan, who is no longer with us; and to Janet, whose suggestions are always invaluable.

Louis Cabat and Robert Cabat are also authors of *¡Diga! ¡Diga!*

When ordering this book, please specify: either **R 664 P**
or MOMENTOS HISPANOS, 2ND EDITION

ISBN 1-56765-467-3
NYC Item 56765-467-2
Copyright © 1999, 1978 by Amsco School Publications, Inc.

PRINTED IN THE UNITED STATES OF AMERICA

5 6 7 8 9 10   03 02 01

Please visit our Web site at:

www.amscopub.com

Preface

....

This new edition of MOMENTOS HISPANOS, as the first edition, is designed for intermediate students of Spanish. It uses reading as a vehicle for developing all four language skills in the context of today's Spanish-speaking world. Its twenty original stories are culturally focused and of interest to students. They are carefully constructed to be both stimulating and readily teachable. The language of the text is authentic, idiomatic, and adapted to the intermediate level. The exercises and activities of each chapter provide a wealth of opportunities for individualized responses and activities for each student. New to this edition are the following features:

- A composition exercise of ten English cue items which enable students to use the new vocabulary and idioms learned in a meaningful, personalized written context.
- A conversation exercise consisting of two themes based on the new words and idiomatic expressions in the story. Specific instructions are given to the students as to how to engage in the indicated dialogs.
- *Description and Dialog*—two exercises based on the illustration presented at the beginning of the story. One involves description in written form; the other, the preparation of a dialog based on the picture.
- *Spanish In Action*—realia and reading samples of Spanish, as used in everyday life. Each sample relates to the story. The student is asked to determine the gist of the material.
- *Portfolio*—suggested cultural activities encompassing a wide variety of student activities and interests. These are related to the cultural aspects of the story and are intended for use as individual or small group projects.

MOMENTOS HISPANOS, 2nd EDITION has retained the following features and supplementary materials of the first edition:

- A cultural introduction highlighting interesting aspects of the life of the country where the story takes place.
- An attractive illustration of a key event in the story. This will serve as a stimulus for written and oral expression by the student.
- A brief introduction designed to stimulate the student's interest in the story.
- An alphabetical list of idiomatic expressions and vocabulary which would be new to the intermediate student.
- The text of the story.
- A series of comprehension exercises based on the story and presented in increasing order of difficulty. These include: **Selección** / multiple choice; **Cierto o falso** / true or false (correct the error); **Para completar** / completion; and, to summarize, **Para contestar**, a series of direct questions in Spanish.
- A dialog exercise based on the new words and idiomatic expressions in the story. The student can respond to the stimuli in oral or written form.
- *Comprehension Cues*—general hints for the student, designed to increase the ability to comprehend written material in Spanish.
- After every five stories a review lesson is presented. The exercises are graded in order of difficulty and provide ample opportunity to the student to practice and to review the words and idiomatic expressions that have been presented.
- A complete Spanish-English vocabulary at the end of the book facilitates comprehension of the stories.

The Author believes that MOMENTOS HISPANOS will provide both students and teachers of Spanish with a pleasant and productive learning experience in the pursuit of mastery of Spanish.

Robert Cabat

Contents

1. Spain: La Madre Patria 1
   La suerte de un joven honrado 3

2. Mexico: Our Neighbor to the South 10
   Promesa cumplida 11

3. Chile: A Land of Contrasts 19
   El matrimonio perfecto 20

4. Puerto Rico: A Commonwealth Associated With the
       United States 29
   Receta maravillosa 30

5. The Chicanos: Hispanic Americans of the Southwest ... 38
   El triunfo del campeón 39

REVIEW LESSON 1 47

6. Peru: Land of the Incas 51
   Recompensa merecida 52

7. Argentina: Land of the Gaucho 60
   La ilusión de despedida 61

8. Costa Rica: A Model of Democracy in Central America ... 69
   ¿Cuánto valdrás? 70

9. Cuba: The "Pearl of the Antilles" 78
   Salir sin nada 79

10. Los hispanos 87
     La fantasía del barrio 88

REVIEW LESSON 2 96

11. Simón Bolívar: The George Washington of South America 100
     Una sonrisa inolvidable 101

12. Moorish Spain 109
     El encanto de la Alhambra 110

13. Colombia: A Source of Fine Coffee 118
     Pago demorado 118

14. Venezuela: Land of Doña Bárbara 126
     Consejo apropiado 127

15. Paraguay: Land of "El Supremo" 135
     La cura dura 135

REVIEW LESSON 3 144

16. Uruguay: Land of Progress 148
     El mejor regalo de todos 148

17. The Quetzal: Symbol of Guatemala 157
     Mi amigo el ladrón 157

18. The Andes: Backbone of the Continent 166
     Caramelo 166

19. The Dominican Republic: Out of a Turbulent Past 175
     Bola de nieve 176

20. Panama: The Crossroads of the World 184
     Entre dos mares 185

REVIEW LESSON 4 193

     Vocabulary 197

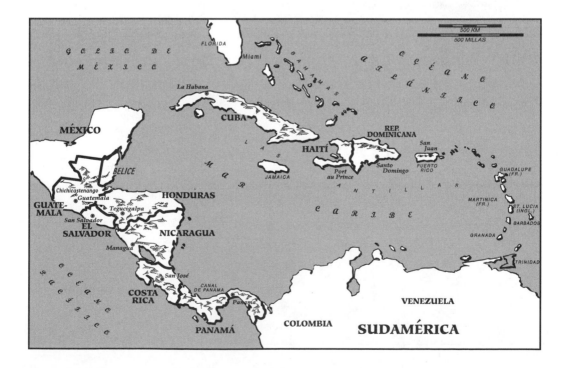

Spain

La Madre Patria

To Spanish speakers around the world, Spain is **La Madre Patria**. Spain has given the world one of its major languages as well as many rich traditions, customs, and artistic achievements which unite hundreds of millions of people around the globe in a common cultural bond.

Spain is located in southwestern Europe and shares the Iberian Peninsula with Portugal. It is a country of great contrasts. Geographically it ranges from the lush, semitropical Costa del Sol in the south, to the beautiful snow-capped Pyrenees Mountains in the north. Culturally it is a mosaic of different peoples such as the Basques (**los vascos**), the Catalonians (**los catalanes**), the Galicians (**los gallegos**) and, of course, the Castillians (**los castellanos**).

Each of these groups has its own unique linguistic, artistic, and cultural heritage. During the fifteenth century, Castilla gained political and linguistic dominance. Therefore the language which we know as Spanish traces its origins to that central area and is sometimes called "**castellano.**"

Spain today is a progressive European nation which enjoys the latest in technology, industry, and modern living. These achievements are in sharp contrast to the ancient palaces, cathedrals, fortresses and villages that still stand as picturesque reminders of bygone eras. Spaniards are known for their individualism and uncompromising self-respect.

Although the country suffered political turbulence and harsh dictatorships in the past, in recent years it has enjoyed stability and democracy as a constitutional monarchy.

Spain's cultural and historic attractions and beautiful natural scenery and people attract millions of tourists and students from all parts of the world. In the future, you may be one of them.

La suerte de un joven honrado

When Julio, a Spanish teenager, found a wallet containing money and a lottery ticket, he decided to return it. Would you have done the same? Let's see if the young man's honesty was rewarded . . .

Modismos

darse cuenta de *to realize*	**por cierto** *certainly, surely*
estar para *to be about to*	**tener lugar** *to take place*
fijarse en *to notice*	

Vocabulario

acera f. *sidewalk*	**honrado, -a** *honest*
ahorrar *to save (money, time)*	**humilde** *humble*
almacén m. *department store*	**inclinarse** *to bend down*
anciana f. *old woman*	**peseta** f. *Spain's monetary unit*
cartera f. *wallet*	**pobreza** f. *poverty*
catedrático m. *professor*	**quizá(s)** *perhaps*
conseguir *to get, obtain*	**recoger** *to pick up*
cruzar *to cross*	**recompensa** f. *reward*
devolver *to give back, return*	**sorteo** m. *drawing (lottery)*
dirigirse *to make one's way*	**tarjeta** f. *card*
ejemplar m. *copy*	**viuda** f. *widow*

A las cuatro de la tarde, la Puerta del Sol, plaza principal dc Madrid, estaba llena de gente. En la multitud que regresaba al trabajo después de la siesta estaba Julio Gómez, un joven de quince años. Antes de volver a su trabajo, Julio iba a uno de los almacenes grandes para comprar un par de zapatos.

　　Estaba para cruzar la calle cuando vio una cartera en la acera. Se inclinó y la recogió. El joven la examinó. Dentro de ella encontró muchas pesetas y un billete de lotería. Encontró también una tarjeta con el nombre y la dirección de la dueña de la cartera: doña Ana Marín, viuda de Ortiz.

Afortunadamente, ella vivía muy cerca, junto a la Plaza Mayor. A pesar de tener mucha prisa—no quería llegar tarde al trabajo—Julio se dirigió enseguida a la casa de ella para devolverle la cartera.

Doña Ana vivía en un cuarto humilde que revelaba su pobreza. No es difícil imaginar la alegría de la anciana cuando el joven le devolvió la cartera con todo el dinero.

Ella dijo:—¡Ay chico, qué bueno y honrado eres! Quiero darte una recompensa por tu bondad. Como ves, soy pobre y necesito todo este dinero para vivir. Pero toma este billete de lotería. El sorteo tendrá lugar mañana, y quizás tengas suerte.

—Señora, gracias por su oferta—respondió Julio—pero guarde Ud. el billete. Veo que bien puede usar el dinero del premio gordo. Yo le devolví la cartera porque era mi deber.

Pero la viuda quería darle algo, y dijo:—Niño, no tengo familia. Estoy sola en el mundo y soy muy vieja. Quiero darte esta edición antigua del Quijote. Hace mucho tiempo que la tenemos en mi familia, y ahora sé que va a tenerla un joven que demuestra el idealismo del famoso hidalgo de la Mancha.

—Gracias, señora—contestó el joven—pero no quiero ninguna recompensa.

Pero doña Ana insistió, y finalmente Julio aceptó el regalo.

Cuatro años después, el joven era estudiante de la Universidad de Madrid. Quería ser profesor, pero su familia no tenía mucho dinero. Por eso, él tenía que trabajar por la noche. Con lo que ganaba y con la ayuda de su padre, ahorraba bastante dinero para pagar sus estudios.

Era el primer día de su curso de literatura española. La obra que iban a discutir era «el Quijote». Julio había recordado el regalo de la viuda y estaba contento porque no tenía que comprar el libro.

Después de una conferencia interesante, el catedrático, fijándose en el libro del joven, llamó a Julio a su escritorio y le dijo:

—Este ejemplar de «el Quijote» que Ud. tiene parece my antiguo. ¿Puedo verlo?

—Por supuesto, profesor—contestó el joven, y se lo entregó.

Después de examinarlo con cuidado, el profesor exclamó con entusiasmo:

—¡Por cierto es la primera edición de la obra! ¡Vale muchísimo! ¿Dónde la consiguió Ud.?

Julio le explicó el caso y casi gritó de alegría al darse cuenta de que la venta del valioso libro le daría bastante dinero para pagar sus estudios.

Y la anciana, ¿sabía que el libro era valioso? ¿Quién sabe?

EJERCICIOS

Selección

Escoja la expresión que complete la frase correctamente.

1. La Puerta del Sol es la plaza principal de (Valencia, Barcelona, Madrid, Málaga).
2. Julio iba a comprar (un libro, un par de zapatos, una cartera, un bolígrafo).
3. Doña Ana Marín era (soltera, casada, viuda, divorciada).
4. El joven se dirigió (a casa, a casa de doña Ana, al teatro, a la tienda).
5. La cartera que Julio devolvió contenía (mucho dinero, una tarjeta postal, una carta importante, un recibo).

¿Cierto o falso?

Si la frase es cierta, repítala; si es falsa corríjala en español.

1. Doña Ana quería darle a Julio un billete de lotería.
2. El sorteo iba a tener lugar la semana próxima.
3. Julio le devolvió el dinero porque él no lo necesitaba.
4. Doña Ana era una persona muy rica.
5. La edición de «el Quijote» era muy antigua.

Para completar

Complete las siguientes frases, basándose en la historia.

1. Cuatro años más tarde, Julio era estudiante de _____ .
2. Su padre lo ayudaba a _____ dinero.
3. La obra que se discutía en la clase de literatura era _____ .

4. El profesor sabía que el _____ era muy antiguo.

5. ¿Sabía _____ que el libro valía tanto dinero?

Para contestar

Responda a las preguntas en frases completas.

1. ¿En qué ciudad está la Puerta del Sol?

2. ¿Dónde encontró Julio la cartera?

3. ¿Adónde fue Julio con la cartera?

4. Al principio, ¿qué le ofreció a Julio doña Ana?

5. ¿Qué aceptó finalmente el joven?

6. ¿Para qué necesitaba Julio dinero cuatro años después?

7. ¿Qué le reveló el catedrático a Julio sobre el libro que tenía en clase?

8. Según Ud., ¿sabía la viuda el valor del libro?

9. Escriba una breve descripción de la personalidad de Julio.

10. ¿Si Ud. encuentra una cartera, qué hace?

Composition

Write a composition in Spanish about buying a lottery ticket. It should consist of ten (10) sentences conveying the following information.

1. You are about to buy a lottery ticket.

2. The drawing is going to take place tomorrow.

3. You realize that it is difficult to win (**ganar**) the lottery.

4. But it is possible to obtain a lot of money.

5. Your friends are making their way to the store.

6. Your are going also in order to buy lottery tickets there.

7. If you win the lottery you are going to buy a car and to give money to a humble family that needs help.

8. What your friends will notice if you win the lottery.

9. In your wallet there is money for two tickets.

10. Surely it is better to buy one and to save a little for (the) lunch.

Diálogo

Complete el diálogo lógicamente con oraciones o preguntas.

Su amigo Carlos va de compras. Ud. desea acompañarlo porque Ud. debe comprar un diccionario.

CARLOS: Hoy voy a un almacén. ¿Quieres ir también?
UD.: _____

CARLOS: Tengo que devolver un libro.
UD.: _____

CARLOS: Yo ahorro cinco dólares cada semana porque por cierto el precio de todo sube.
UD.: _____

CARLOS: También me preocupa el problema de la pobreza, por eso doy dinero a la caridad.
UD.: _____

(En el almacén)

CARLOS: Además de la cartera, ¿quieres comprar algo más?
UD.: _____

CARLOS: ¿Dónde se vende? Vamos a dirigirnos a aquel empleado para pedirle información.
UD.: _____

Conversations

For each of the themes listed below, hold a conversation with a classmate or your teacher. Each conversation should consist of six (6) relevant utterances on the part of each participant. Avoid yes/no responses, restatements of what has previously been said, and socializing utterances not relevant to the theme. After both themes have been done, you may wish to reverse roles and repeat them.

1. A tells B that A found a wallet with a lot of money in it. A begins the conversation.

2. A has won $10,000 in the lottery and discusses this with B. B begins the conversation.

Description and Dialog

1. Based on the story, write a description in Spanish of the illustration on page 2. Be sure to mention details of the appearance of each of the two people, as well as what they are discussing in the picture. (Minimum: ten [10] sentences)

2. With a classmate, prepare a dialog in Spanish between the two people shown on page 2. Base your dialog on the events of the story. Present your dialog to the class. Each participant should provide at least five (5) utterances.

Spanish In Action

Why would someone buy this item?

1. to see a show

2. to park in a downtown garage

3. to win money

4. to increase understanding among nations

Be prepared to explain all the details of the item illustrated to a tourist who does not speak Spanish.

Comprehension Cues

The preposition **de** is used in Spanish to convey the idea of possession, origin, type, or the material of which something is made. For example, in the previous story you found the expressions **un billete de lotería** (lottery ticket) and **el libro del joven** (the young man's book). Notice that in this case, **de** has no equivalent in English.

Give the English equivalent for the following expressions:

1. la casa de María
2. una cartera de cuero
3. los lápices del estudiante
4. el reloj de oro
5. una tienda de ropa

Portfolio

1. Prepare a research project on the novel mentioned in the story, *Las aventuras del ingenioso caballero don Quijote de la Mancha*, commonly known as *El Quijote*. Ask your teacher for references which will enable you to present the following information:

   a. a summary of the plot

   b. a biography of the author, Miguel de Cervantes Saavedra, with emphasis on how his life is reflected in the novel.

   c. the contrast between the characters of don Quijote and Sancho, and how they symbolize two aspects of human nature.

   d. examples of how the novel inspired musical compositions and works of art.

2. As a follow-up activity you may arrange for your class to see a videotape of the popular Broadway musical or film *Man of la Mancha*, based on the novel.

2

Mexico

Our Neighbor to the South

The magnificent National University of Mexico located in Mexico City, the capital and largest Spanish-speaking city in the world, is a symbol of modern Mexico. The university was founded by the Spaniards in the sixteenth century. Its campus features striking modern architecture which is decorated with traditional Native-American motifs. Mexico is a progressive country of Spanish and Native-American heritage. About ten percent of Mexicans are of European descent. Thirty percent are Native American while sixty percent are **mestizos**, people of mixed European and Native-American heritage.

Mexico's northern border is with our states of California, Arizona, New Mexico, and Texas. To the west, it is bounded by the Pacific Ocean and the Gulf of California. The Gulf of Mexico and the Caribbean Sea form the eastern coasts of the country. In the south, Mexico borders on the Central American nations of Guatemala and Belize. The country's geographic features include mountain ranges which run north to south in the east and west of the country. Between them is the high central plateau where the capital, called **Distrito Federal de México**, is located. Tropical lowlands are found in the south.

Mexico's national hero, Benito Juárez (1806–1872) was a Native American who saved his country from foreign domination at a critical period in its history. During the 1860s, when Juárez was the president of Mexico, the nation was invaded by a French army which installed a European prince, Maximilian, as emperor to rule the country. Maximilian was welcomed by the upper classes, wealthy conservatives who opposed

Juárez's liberalism. The rest of the Mexicans, however, rallied around Juárez and overthrew Maximilian's regime after years of bloody warfare. Because of his humble origins, Juárez is often compared to Abraham Lincoln, whose friendship and moral support he enjoyed throughout his country's struggle for democracy and independence.

In recent years, aided by rich mineral resources and petroleum deposits, Mexico has been developing a modern commercial-industrial economy. This has resulted in the growth of a vigorous middle class, as well as an improvement in the standard of living of the poorer classes. Close economic ties between the United States and Mexico were strengthened by their joining with Canada to participate in the North American Free Trade Agreement.

Mexico attracts Americans for many reasons. The favorable climate and the easy pace of life tempt many retired Americans to settle there. Tourists are attracted to sophisticated international resorts such as Acapulco on the Pacific and Cancún on the Gulf of Mexico; to quaint colonial towns like Taxco; and to the remains of magnificent pre-Columbian civilizations such as the Mayan ruins at Chichén-Itzá and the Aztec pyramids at Teotihuacán. Mexico is famous for its music and dance, delicious food, and traditional craftsmanship in silver. And finally, there are the Mexican people themselves, who typify a Spanish word that has almost become part of our own language: simpático.

Promesa cumplida

Diego Pérez, a wealthy businessman from Mexico City, bought a country home at what seemed a ridiculously low price. But did he really get a bargain?

Modismos

apresurarse a *to hurry to*	**no poder menos de** *to be unable to help*
cerrar el trato *to close the deal*	**por lo tanto** *therefore, for that reason*
convenir en *to agree to*	

Vocabulario

ambiente m. *atmosphere (of a place)*	**mudarse** *to move (house, address)*
averiguar *to find out*	**pareja** f. *couple*
campesino(-a) *peasant*	**rascacielos** m. sing. & pl. *skyscraper*
contiguo *adjoining*	**seguridad** f. *security*
en venta *for sale*	**taller** m. *workshop*
fabricante m. & f. *manufacturer*	**tonto** m. *fool*
financiero, -a *financial*	**torre** f. *tower*
hierro forjado m. *wrought iron*	**único, -a** *only* (adj.)
jubilarse *to retire*	**vacilar** *to hesitate*

El Distrito Federal de México es una metrópoli donde se encuentran lo antiguo y lo moderno. Por ejemplo, en sus estaciones de subterráneo se ven obras de arte azteca. Dos de sus edificios más famosos son la magnífica Catedral Metropolitana, que data del siglo XVI, y el famoso y moderno rascacielos llamado la Torre Latinoamericana.

Diego Pérez era uno de los hombres más ricos y más arrogantes de la capital. Hijo de padres humildes, a la edad de dieciséis años había comenzado a trabajar en una agencia de automóviles. Con gran inteligencia, mucho trabajo y buena suerte había llegado a ser presidente de la compañía. Ya tenía sesenta años y gozaba de seguridad financiera. Por eso decidió jubilarse, abandonar la vida activa de la ciudad y buscar una casa bastante lejos, donde pudiera vivir en la tranquilidad del campo.

*   *   *   *

Pátzcuaro es un pequeño pueblo situado al oeste de la capital. Es famoso por su pintoresco ambiente colonial, su bello lago del mismo nombre y su vida agradable. Un domingo por la mañana, Diego y su esposa llegaron a Pátzcuaro. Dejaron el auto cerca de la Plaza Central y empezaron a andar por las estrechas calles del pueblo. Dentro de poco, vieron una bonita casa de la época colonial que estaba en venta. Sin vacilar, Diego le anunció a su mujer:

—Elena, ésta es la casa que tanto me gusta. Voy a comprarla.

Llamó a la puerta y le habló al dueño, quien le explicó que otra persona ya la quería comprar. Pero Diego prometió pagarle el doble. Así que le escribió un cheque y cerraron el trato. La pareja tuvo que volver a la capital para prepararse a partir para Pátzcuaro. Durante el viaje de regreso, Diego le dijo a Elena:

—¡Qué tontos son aquellos campesinos! La casa vale por lo menos el doble de lo que yo pagué. ¡Lo único que saben es hacer tortillas!

Pero la esposa, que había nacido en el campo, no respondió nada.

Dentro de quince días, los dos estaban otra vez en Pátzcuaro. Llegaron por la noche y se acostaron cansados pero contentos en su nueva casa. A las seis y media de la mañana siguiente los despertó un gran ruido que venía de las dos casas contiguas. Diego averiguó que a un lado de su casa estaba el taller de Juan, un fabricante de muebles, y al otro lado estaba el taller de Pablo, un fabricante de objetos de hierro forjado.

El ruido continuó todo el día, y Elena no podía soportarlo. Por lo tanto, Diego llamó a los dos hombres, y a cada uno le ofreció una suma generosa para que se mudaran enseguida. Pero insistieron en recibir el doble, y Diego tuvo que convenir en pagarles lo que pedían. Él les dio dos semanas para mudarse. Entonces, Diego y Elena fueron a Acapulco para pasar quince días en la playa.

Regresaron a Pátzcuaro un domingo por la tarde. Al día siguiente, y puntualmente a las seis y media, se oyó el mismo ruido que antes. Furioso,

Diego se apresuró a mandar por sus vecinos. Para su gran sorpresa, Pablo y Juan volvieron a aparecer.

—¿Cómo se explica esto?—gritó.—Les pagué muchísimo a Uds. para que se mudaran, ¡y todavía están aquí!

—Pero hemos cumplido con nuestra promesa, señor—respondió Juan—. Ahora yo ocupo la casa de Pablo, y él ocupa la mía.

Elena, que había oído la conversación, no pudo menos de recordar el comentario de Diego sobre la inteligencia de los campesinos. Le dijo con una sonrisa:

—Pues, querido, los campesinos son así.

EJERCICIOS

Selección

Escoja la expresión que complete la frase correctamente.

1. El Distrito Federal de México es (una provincia, una ciudad, una aldea, un lago).
2. Un ejemplo de lo antiguo en el Distrito Federal de México es el (arte azteca, subterráneo, rascacielos, Camino Real).
3. Diego Pérez era conocido por su (nobleza, caridad, arrogancia, erudición).
4. El comerciante había nacido (pobre, en los Estados Unidos, de una familia importante, de padres españoles).
5. Al jubilarse, Diego decidió (ir a Europa, quedarse en la capital, comprarse un yate, buscar una vida más tranquila).

¿Cierto o falso?

Si la frase es cierta, repítala; si no, corríjala en español.

1. Pátzcuaro es una ciudad muy grande.
2. Diego viajó a Pátzcuaro con su esposa.
3. A Diego le gustó mucho una casa moderna.
4. La pareja volvió a la capital para comprar un coche.
5. Al despertarse después de su primera noche en Pátzcuaro, Diego oyó un gran ruido.

Para completar

Complete las siguientes frases basándose en la historia.

1. Diego le ofreció una gran suma de dinero a cada vecino con tal que _____.

2. Los dos fueron a Acapulco por _____.

3. Al regresar a Pátzcuaro, Diego vio que sus vecinos estaban todavía _____.

4. Diego acusó a los dos de no haber cumplido con _____.

5. Al final del cuento, Elena hace un comentario sobre la inteligencia de los _____.

Para contestar

Responda a las preguntas en frases completas.

1. ¿Cómo es el Distrito Federal de México?
2. ¿Cómo llegó a ser rico Diego Pérez?
3. ¿Por qué fueron Diego y Elena a Pátzcuaro?
4. ¿Qué opinión tenía Diego de los campesinos?
5. ¿Al ocupar su nueva casa, qué los molestó a Diego y a Elena?
6. ¿Al recibir el dinero, ¿qué prometieron hacer los vecinos?
7. Cuando Diego y Elena regresaron de Acapulco, ¿qué oyeron por la mañana?
8. Explique Ud. cómo cumplieron Juan y Pablo con su palabra.
9. ¿Qué aprendió Diego sobre los campesinos?
10. ¿Qué nos enseña este cuento?

Composition

Write a composition in Spanish about a trip you are planning to Mexico. It should consist of ten (10) sentences conveying the following information.

1. Mexico is the only country that you want to visit this year.
2. Therefore you are going to buy a book about the country.

3. Your parents agree to give you enough money to make the trip.

4. They are going to find out how much the trip costs.

5. You can't help thinking about Mexico all day.

6. Your aunt and uncle retired last year and live in Taxco, Mexico.

7. They moved there last year.

8. They are a very nice couple and you will visit them.

9. You want to go to Acapulco because the atmosphere is very pleasant.

10. You are not hesitating because you speak Spanish well.

Diálogo

Complete el diálogo lógicamente con oraciones o preguntas.

María habla con Carlos, su compañero de clase. Ella le explica que va a mudarse.

MARÍA: No puedo menos de decirte que éste es mi último día de clases en esta escuela.

CARLOS: _____

MARÍA: Mi padre ha vendido su taller porque quiere jubilarse, y nuestra casa está en venta.

CARLOS: _____

MARÍA: Vamos a mudarnos la semana que viene.
CARLOS: _____

MARÍA: Mi padre no vacila en salir porque le gusta el clima de la Florida.

CARLOS: _____

MARÍA: La seguridad financiera no es un problema, y vamos a pasar un buen rato en el sur. ¿Puedes venir a visitarnos algún día?

CARLOS: _____

Conversations

For each of the themes listed below, hold a conversation with a classmate or your teacher. Each conversation should consist of six (6) relevant utterances on the part of each participant. Avoid yes/no responses, restatements of what has previously been said, and socializing utterances not relevant to the theme. After both themes have been done, you may wish to reverse roles and repeat them.

1. A tells his/her friend B about family plans to move to a larger house. A begins the conversation.

2. A & B discuss a person whom B likes and A dislikes. B begins the conversation.

Description and Dialog

1. Based on the story, write a description of at least ten sentences in Spanish of the illustration on page 13. Be sure to mention who are the people and what they are doing. (Minimum: ten [10] sentences)

2. With a classmate, prepare a dialog in Spanish between the owner of the house in Pátzcuaro and Diego Pérez. Diego is expressing his interest about buying the house. Each participant should provide at least five (5) utterances.

Spanish In Action

SE VENDE

En Acapulco: casa en Las Brisas, en zona hotelera: cuatro recámaras finamente amuebladas, cocina integral, dos baños, alberca, vista al mar, bahía, jacuzzi, cable visión, 3,000 metros. $750,000. Comuníquese con el Sr. Hidalgo al 80-58-25, de lunes a sábado.

This advertisement is of interest to someone who

1. is looking for a new job.

2. needs a second car.

3. likes to help poor people.

4. wants a place to live.

Translate the advertisement for a friend of yours who is interested and doesn't know Spanish.

Comprehension Cues

Many Spanish words belong to the same word-family as English words with similar meanings. Pairs of Spanish and English words similar in form and meaning are called cognates. When reading Spanish, if you come upon an unfamiliar word, try to determine whether it is a cognate of an English word. Use the rest of the sentence to help you. Here are some examples of Spanish words used in the story that have familiar English cognates. Can you determine their meanings?

agencia	inteligencia
antiguo	puntualmente
explico	tranquilidad

If you can't guess the meaning, find the word in the story; perhaps the rest of the sentence will prove helpful.

Portfolio

Imagine that your Spanish class has won a two-week trip to Mexico—all expenses paid!

1. Plan an itinerary for the trip. Consult with your teacher, travel guides, and travel agencies.

2. Prepare a booklet about this trip to be distributed to your classmates' parents. If possible, the booklet should be illustrated. It should highlight points of interest on the trip and its value as a cultural experience.

3

Chile

....
A Land of Contrasts

Imagine a country where Christmas is a summer holiday and the height of the ski season is in the months of July and August. This is Chile, located in the southern hemisphere, where the seasons are the reverse of ours. Chile is a long, narrow strip of land on the Pacific coast of South America. From east to west the country's width varies between 100 and 250 miles. The majestic Andes Mountains separate Chile from Argentina on the east, with the Pacific, forming the western boundary.

The climate and terrain of Chile vary greatly. The arid desert of Atacama in the north has rich deposits of copper and nitrates. The Central Valley, the population center of the country, is the principal agricultural region and enjoys a mild climate similar to that of southern California. Chile's capital, Santiago, Valparaiso, the principal seaport, and the famous resort of Viña del Mar are all located in the Central Valley. To the south is a beautiful region of forests and lakes; to the extreme south there is cold and humid weather, with snow covered peaks and glaciers.

Chile grows a variety of crops and the high quality of its wines is recognized throughout the world. It is rich in many minerals and is the world's largest producer of copper. Other sources of wealth are its fishing industry, livestock, forests, and manufacturing.

The "George Washington" of Chile is Bernardo O'Higgins (1776–1842). This national hero and first president was of Irish ancestry. Under his leadership Chile fought against Spanish rule and gained independence in 1818.

Another outstanding Chilean is the poet Gabriela Mistral (1889–1957). She served as a rural school teacher after a tragic love relationship in her youth, and became a famous local and international figure for her educational work.

Mistral's poetry reflects the sadness of lost love and her later works show a profound spirit of love of humanity. She died in 1957, twelve years after she was awarded the Nobel Prize in literature, the first Latin American author to receive this great honor.

In the 1970's Chile was beset by political and social turmoil. However, by the last decade of the twentieth century the country had returned to its democratic tradition, promising a bright economic and political future for Chile in the twenty-first century.

El matrimonio perfecto

Carlos was a poor young man who wanted to marry for money. Would it be a mistake to reveal his plans?

Modismos

a la vez *at the same time*	**por desgracia** *unfortunately*
guardar silencio *to remain silent*	**salirse con la suya** *to have one's way*
lograr + inf. *to succeed in*	

Vocabulario

anchura f. *width*	**milagro** m. *miracle*
balneario m. *spa, resort*	**mimar** *to pamper*
breve *brief*	**pretendiente** m. & f. *suitor*
capricho m. *caprice, whim*	**quincallería** f. *hardware store*
dote f. *dowry*	**soltero, -a** *single, unmarried*
duradero, -a *lasting*	**suspiro** m. *sigh*
franqueza f. *frankness*	**testarudo, -a** *stubborn*
luna de miel f. *honeymoon*	

Carlos vivía en una pequeña aldea no lejos de Santiago. Él tenía veintisiete años y trabajaba en una quincallería. Aunque era de una familia pobre, tenía grandes ambiciones. Le confiaba frecuentemente a su mejor amigo Ricardo el deseo de hacerse rico. Ricardo le decía:

—Nunca lograrás hacerlo. Ahorras poco dinero, no tienes parientes ricos y tu puesto en la quincallería ofrece pocas oportunidades para enriquecerte.

Carlos le contestaba con una sonrisa:

—Ya verás, amigo; ya verás...

El hombre más rico de la aldea se llamaba don Pablo Carrasco. Don Pablo era dueño de muchas tierras fértiles. Él, su hija Mercedes—una joven de veintidós años—y varios criados ocupaban la casa más lujosa de la aldea.

Don Pablo era viudo desde hacía muchos años. Además de sus negocios, la gran pasión de su vida era la felicidad de Mercedes. Ya que ésta no tenía madre desde niña, el padre trataba de reemplazar el amor materno mimándola. Don Pablo siempre consentía en cualquier capricho o deseo que ella tuviera. Por eso Mercedes era una persona testaruda y acostumbrada a salirse con la suya.

Cuando la joven llegó a la edad de matrimonio, la generosa dote ofrecida por su padre atrajo a muchos pretendientes. Desde la edad de diecinueve años la muchacha había tenido tres novios, pero había roto con cada uno antes del día de la boda.

Todos los aldeanos creían que Mercedes seguiría soltera, hasta el domingo en que se anunció en la iglesia que la joven iba a casarse con Carlos. Aunque Carlos era pobre, don Pablo lo aceptó porque el joven era ya el cuarto pretendiente.

Al enterarse de los planes de la boda, Ricardo comentó:

—Carlos, ya sabemos que tres no han tenido éxito con ella. ¿Qué puedes hacer tú?

—Ya verás, ya verás...—contestó Carlos.

Llegó el día de la boda. Después de una ceremonia solemne en la iglesia, todos gozaron de una magnífica fiesta ofrecida por don Pablo.

Para la medianoche todos los invitados ya se habían ido, y Carlos y Mercedes se retiraron a la casa que don Pablo les había comprado. A la mañana siguiente, los dos iban a salir para su luna de miel en Santiago y Viña del Mar. Iban a viajar en un auto de lujo que don Pablo les había regalado también.

Los otros amigos de Carlos discutían el matrimonio con Ricardo. Uno de ellos dijo:

—¡Qué suerte tuvo Carlos! ¡Casarse con una chica tan rica!

—Este matrimonio no durará ni un día—, pensó Ricardo, pero guardó silencio.

Carlos y Mercedes regresaron en una semana. Los dos parecían muy contentos. Se notó un cambio marcado en la personalidad de Mercedes. Ahora era una persona tranquila y reservada. Parecía admirar y amar a Carlos. Los vecinos querían saber cómo Carlos había hecho esto. Finalmente, Ricardo tuvo la oportunidad de preguntarle:

—Pues, ¿qué pasó?

—Bueno—, contestó Carlos—la capital es magnífica, las calles como la Avenida O'Higgins y el Paseo de las Delicias son muy bellas. Me gustó el Palacio de Bellas Artes, y pasamos una tarde muy interesante en el Parque Santa Lucía. En cuanto a Viña del Mar, es un balneario estupendo.

—No, no—insistió Ricardo—, no quiero una guía turística. Deseo saber qué hiciste para cambiar tanto la personalidad de Mercedes. Tuvo que ser algo extraordinario.

—Pues, te lo explicaré—dijo Carlos con una sonrisa.—Una semana antes de la boda, tuvimos una breve oportunidad de estar solos...

Y esto, en sus propias palabras, es lo que Carlos le contó:

Mercedes se miró en el espejo con ansiedad, y dijo: «Carlos, tengo que hacerte una pregunta muy importante... ¿Por qué quieres casarte conmigo?»

Sorprendido por la pregunta, contesté sin pensar: «Por tu dinero.»

En seguida me di cuenta de mi error. Mi honestidad me costaría la vida de hombre rico con la que siempre había soñado.

Ella calló durante lo que me pareció una eternidad. Yo estaba esperando las palabras furiosas que pondrían fin a nuestros planes. Pero para mi sorpresa, Mercedes suspiró y finalmente contestó con una sonrisa.

—Gracias por tu franqueza. Sobre todo he querido casarme con un hombre sincero. Al hacerles la misma pregunta a mis otros novios, cada uno me dijo que me amaba por mi belleza, por mi inteligencia, por mi personalidad. Pero yo sabía que sólo mi dote les interesaba. Por eso los rechacé. Tú eres el primero que me ha dicho la verdad, que para mí es la esencia del amor duradero. Creo que nuestro matrimonio será bueno.

—¡Qué muchacha tan extraña!—exclamó Ricardo.

—Quizás—Carlos contestó—, pero esa conversación me reveló algo que no había sospechado del carácter de Mercedes, y tengo que confesarte que desde esa noche la encuentro cada vez más atractiva. Ahora estoy verdaderamente enamorado de mi esposa.

EJERCICIOS

Selección

Escoja la expresión que complete la frase correctamente.

1. Carlos trabajaba en una (panadería, quincallería, carnicería, librería).

2. Carlos deseaba ser un hombre (rico, fuerte, valiente, erudito).

3. Don Pablo tenía (tres hijas, poca paciencia, mucho dinero, gran talento musical).

4. Mercedes era una persona (testaruda, simpática, modesta, bondadosa).

5. Ella había tenido (dos, tres, cinco, ocho) novios desde la edad de diecinueve años.

¿Cierto o falso?

Si la frase es cierta, repítala; si no, corríjala en español.

1. Nadie creía que Mercedes seguiría soltera.

2. Ninguno de los tres novios había logrado casarse con ella.

3. Ricardo compró una casa para Carlos y Mercedes.

4. Los novios viajaron en tren.

5. Regresaron a casa en un mes.

Para completar

Complete las siguientes frases basándose en la historia.

1. Después de la luna de miel, los aldeanos notaron un cambio marcado en la _____ de Mercedes.

2. Carlos le explicó la situación a su amigo _____.

3. Durante la luna de miel, los novios visitaron el balneario de _____.

4. Antes de la boda, Carlos había hablado con Mercedes como un hombre _____.

5. Al terminar el cuento, Carlos dijo que se sentía verdaderamente_____ de su esposa.

Para contestar

Responda a las preguntas en frases completas.

1. ¿Qué ambición tenía Carlos?

2. Según su amigo Ricardo, ¿por qué no iba Carlos a lograrla?

3. ¿Por qué mimaba don Pablo a su hija Mercedes?

4. ¿Cuántos novios había tenido Mercedes antes de casarse con Carlos?

5. ¿Adónde fueron Carlos y Mercedes en su luna de miel?

6. ¿Qué cambio se notó en la personalidad de Mercedes al regresar de su luna de miel?

7. ¿Qué le había confesado Carlos a Mercedes antes de la boda?

8. ¿Por qué aceptó Mercedes a Carlos después de su confesión?

9. ¿Cree Ud. que Carlos y Mercedes logren tener un matrimonio feliz?

10. ¿Quiere casarse Ud. en el futuro? ¿Qué cualidades debe tener su esposo(a)?

Composition

Write a composition in Spanish about Luisa, a young woman who will soon be married. It should consist of ten (10) sentences conveying the following information.

1. Luisa is a young woman who is pleasant but at the same time stubborn.

2. She had many suitors who wanted to marry her.

3. Unfortunately, she has a small dowry because her father doesn't have much money.

4. Enrique is rich and single, and wanted to marry Luisa.

5. But Pedro, a teacher, succeeded in winning Luisa's love.

6. Luisa's father preferred Enrique because the young man could pamper his daughter.

7. But Luisa had her way, and after a sigh, her father remained silent.

8. Luisa and Pedro are going to spend their honeymoon at a beautiful resort.

9. Their happiness will be lasting.

10. So we see the miracle of love.

Diálogo

Complete el diálogo lógicamente con oraciones o preguntas.

María habla con su madre sobre sus planes para casarse.

MARÍA: Mamá, el año que viene voy a casarme con mi pretendiente, Antonio López.

MADRE: _____

MARÍA: Logramos fijar la fecha de la ceremonia en la iglesia.

MADRE: _____

MARÍA: ¿Podemos dar una fiesta después con dinero de mi dote?

MADRE: _____

MARÍA: Si no lo consideras un capricho, quiero invitar a todos mis amigos.

MADRE: _____

MARÍA: Esperamos pasar nuestra luna de miel en un balneario de la Florida.

MADRE: _____

Conversations

For each of the themes listed below, hold a conversation with a classmate or your teacher. Each conversation should consist of six (6) relevant utterances on the part of each participant. Avoid yes/no responses, restatements of what has previously been said, and socializing utterances not relevant to the theme. After both themes have been done, you may wish to reverse roles and repeat them.

1. A and B discuss the qualities that they seek in a mate. A begins the conversation.

2. B and A discuss the ideal location for a honeymoon. B begins the conversation.

Description and Dialog

1. Based on the story, write a description of the illustration on page 21. Be sure to mention the difference in appearance of the man in the foreground compared to those in the background, as well as what they might be discussing. (Minimum: ten [10] sentences)

2. Prepare a dialog in Spanish between Carlos and Mercedes, as depicted in the foreground of the illustration on page 21. They are discussing

their marriage plans. Each participant should provide at least five (5) utterances.

Spanish In Action

This advertisement would be of interest to those

1. looking for a better job.
2. wanting to correspond with people in other countries.
3. who will be married shortly.
4. trying to improve their credit rating.

Translate the advertisement for a friend of yours who is interested and doesn't understand Spanish.

Comprehension Cues

The meanings of many words that you are unfamiliar with can be derived from verbs you already know. For example, if you know the verb **sonreír** (to smile), you should be able to determine that **la sonrisa** means *the smile*.

Here is a list of five Spanish verbs. In the story you read, there are words belonging to the same "family" as these. Find the related words and express them in English.

guiar	amar
desear	seguir
invitar	

Portfolio

1. With your teacher's assistance, report to your class on the life of Gabriela Mistral.

2. Choose a brief selection from one of Gabriela Mistral's poems. Prepare an English translation of it. Duplicate copies for your classmates and present both original and translated versions to the class.

4

Puerto Rico

A Commonwealth Associated With the United States

Wars often have unexpected consequences. In 1898, the United Sates acquired the island of Puerto Rico at the end of the Spanish-American War; but it gained more than a strategically situated island in the Caribbean. Probably few Americans realized at the time that their victory would result in the addition of a new and vital Hispanic element to the cultural fabric of American society.

Puerto Rico had been a colony of Spain since 1493. Located between the Atlantic Ocean and the Caribbean Sea, Puerto Rico is a mountainous rectangular island with an area roughly one and one-half that of the State of Delaware.

The island acquired a special political status achieved in three historic steps: in 1917, the inhabitants of the island were granted United States citizenship; in 1948, Luis Muñoz Marín became the first governor elected by popular vote rather than appointed by Washington; and, in 1952, Puerto Rico became a commonwealth "associated with the United States" but governed by its own constitution. Thus, the Puerto Ricans enjoy political autonomy in their internal affairs.

The influence of the United States in Puerto Rico is pervasive. All schoolchildren are required to study English as a second language. A visitor to the island finds himself in a Spanish-speaking country where United States' currency and postage stamps are used, the system of public education is the same as that in the United States, and the national sports are baseball and basketball.

Cultural influences have also flowed into the opposite direction since Puerto Ricans can freely enter the United States. Millions have migrated to the mainland, settling mostly in the Northeast. They constitute a large and vital segment of the populations of cities such as New York and Chicago. Puerto Ricans have contributed a great deal to life in the United States. Many have achieved prominence in government, business, education, the arts, and sports. Roberto Clemente (1934–1972) the all-star Pittsburgh Pirates outfielder was a Puerto Rican who distinguished himself both on and off the playing field. He died an untimely death in a plane crash on a mission to aid victims of an earthquake in Nicaragua. He is a member of the Baseball Hall of Fame.

The United States undertook special programs to stimulate the growth of industry on the island. These efforts did a great deal to raise the standard of living of the islanders.

Tourism is an important aspect of the island's economy. Visitors are attracted by the tropical climate, the excellent recreational facilities, and the charming Hispanic atmosphere. Among the outstanding points of interest are the old colonial quarter of the capital city of San Juan; the magnificent beaches of Luquillo, Humacao, and La Parguera; the excellent Museum of Art in Ponce; and the beautiful El Yunque rain forest, a US national park.

Receta maravillosa

Sometimes simple remedies are the most effective. Diego expected the worst, until Dr. Gómez gave him a most unusual prescription.

Modismos

disponerse a *to get ready to*	**por lo general** *generally*
perder cuidado *not to worry*	**raras veces** *rarely*

Vocabulario

barrio m. *district, neighborhood*	**prueba** f. *test*
cartero(-a) m. *letter carrier*	**receta** f. *prescription*
despedirse *to take leave*	**reconocimiento** m. *medical check-up*
extraño, -a *strange*	**salvar** *to save*
flan m. *custard*	**silbar** *to whistle*
gerente m. & f. *manager*	**someterse a** *to take (medical tests)*
maravilloso, -a *wonderful*	**tostones** m. pl. *fried green plantains*

Al anochecer, la ciudad de San Juan es bellísima. Los rayos del sol se reflejan en las aguas tropicales del Atlántico y transmiten una variedad de colores a la capital de Puerto Rico, prestando cierta fascinación a la ciudad más grande de la isla. San Juan es una combinación de lo antiguo y lo moderno: cerca de un barrio que retiene el ambiente de la época colonial se ven muchos rascacielos modernos.

A las siete de la tarde, Diego Sánchez acababa de regresar de su trabajo, y su familia se disponía a cenar. Diego trabajaba en una tienda de ropa donde había llegado al puesto de gerente. Por eso los Sánchez vivían en un barrio de clase media y gozaban por lo general de una buena vida.

La familia consistía en tres personas: Diego, su esposa Carmen y su hija María, de catorce años. Los Sánchez tenían familia en Nueva York, y María le acababa de escribir una carta a su prima Gloria, hija del tío Carlos. En la carta, la invitó a pasar dos semanas con ellos y le dijo que así podría visitar puntos de interés como el Viejo San Juan, el Castillo del Morro, la bella playa de Luquillo y la pluviselva, El Yunque.

Los tres se sentaron a la mesa para gozar de la sabrosa cena que Carmen había preparado. Consistía en sopa de pescado, una ensalada mixta, arroz con pollo, tostones, café y, de postre, flan. Carmen y María notaron que Diego comió muy poco. Después de la comida la esposa le preguntó:

—Diego, apenas has comido. ¿Qué te pasa? ¿Hay problemas en la tienda?

—No, Carmen, es que no tengo apetito y me siento algo cansado. Pero pierde cuidado, no es nada.

—Si no estás bien, debes ir a ver al doctor Gómez. Hace mucho tiempo que no te hacen un reconocimiento.

Diego siguió los consejos de Carmen. El médico le explicó que sería necesario someterse a una serie de pruebas y le dijo que sabría los resultados dentro de una semana. Mientras le hacía las pruebas, el médico le preguntó a Diego dónde había nacido. Él le contestó que era de una familia de campesinos que vivía en las montañas de Caguas, y que a la edad de dieciocho años él se había ido a buscar fortuna a San Juan.

A Diego la pregunta del médico le pareció bastante extraña, pero estaba tan preocupado por su salud que pronto la olvidó por completo.

No es difícil imaginar cómo él pasó la semana siguiente. La salud de Diego era la preocupación de toda la familia. Volvió a ver al médico. Diego temía lo peor...

El doctor Gómez habló en tono muy serio:

—Señor Sánchez, como Ud. sabe, ya tenemos los resultados de las pruebas. He llamado a su familia porque lo que tengo que decirle les interesa a todos. La causa de su enfermedad es que Ud. sale raras veces de casa. Después de pasar sus primeros años en el campo al aire libre, se queda ahora demasiado tiempo en la tienda. He hablado con su esposa, y sé que les gusta la vida de San Juan. No quieren salir. Por eso, le doy a Ud. esta receta. Quiero que la siga exactamente.

Con mano temblante, Diego tomó el papelito que le dio el médico.

* * * *

Hoy día vive un hombre en San Juan que parece el modelo de salud y felicidad. Anda por las calles llevando un saco lleno de cartas y paquetes. Se detiene en las casas para entregarlas. Allí intercambia palabras amistosas con los vecinos. Es Diego, y no va a ninguna parte sin llevar en el bolsillo la receta maravillosa que le salvó la salud y la felicidad: «¡Hágase cartero!»

EJERCICIOS

Selección

Escoja la expresión que complete la frase correctamente.

1. San Juan tiene un aspecto (montañoso, oriental, indio, bello).
2. La capital es la ciudad más (aislada, fea, alta, grande) de Puerto Rico.
3. A las seis de la tarde, Diego (regresó a la tienda, se vistió con cuidado, volvía de su trabajo, descansaba un poco).
4. Diego tenía el puesto de (gerente, socio, dependiente, cajero) de una tienda.
5. Los Sánchez vivían en un barrio (bajo, rico, aislado, de la clase media).

¿Cierto o falso?

Si la frase es cierta, repítala; si es falsa, corríjala.

1. La familia consistía en cuatro personas.
2. María tenía catorce años.
3. Gloria era la hermana de Carlos.
4. Hacía mucho tiempo que a Diego no le hacían un reconocimiento.
5. El Castillo del Morro es un punto de interés en Ponce.

Para completar

Complete las siguientes frases basándose en la historia.

1. _____ había preparado una cena sabrosa.
2. Diego tenía que someterse a _____.
3. _____ era de una familia de campesinos.
4. Andaba por las calles llevando _____.
5. La receta del médico le había salvado _____.

Para contestar

Responda a las preguntas en frases completas.

1. ¿En qué ciudad vivía Diego?
2. ¿Dónde trabajaba?
3. ¿Quiénes eran los miembros de su familia?
4. ¿A quién invitó María a pasar dos semanas en Puerto Rico?
5. ¿Qué notaron Carmen y María durante la cena?
6. ¿Qué pregunta le hizo el médico a Diego?
7. ¿Cómo explicó el médico la enfermedad de Diego?
8. ¿Qué le dio el médico para curarlo?
9. ¿Qué se hizo Diego al seguir las instrucciones del médico?
10. Le gusta a Ud. pasar el tiempo al aire libre? ¿Por qué?

Composition

Write a composition about your friend Julio. It should consist of ten (10) sentences conveying the following information.

1. People from many cultures live in your neighborhood.
2. One of your best friends is Julio, whose father is a letter carrier.
3. Julio was born in Puerto Rico but he took leave of the island when he was 5 years old.
4. He is a very happy person who whistles almost all day.
5. One day, when you were getting ready to go to the doctor, you saw Julio.
6. You said that you were going for a check-up.
7. Julio said that you shouldn't worry because active people rarely get ill.
8. Julio accompanied you when you took the doctor's tests.
9. When you received good news (**noticias**), Julio said: "Let's go to a cafe."
10. To celebrate, you ate flan and drank coffee with your good friend Julio.

Diálogo

Complete el diálogo lógicamente con oraciones o preguntas.

El padre de Carlos le explica que va a visitar al médico.

EL PADRE: Hoy a las tres me dispongo a ver al médico.

CARLOS: _____

EL PADRE: Por lo general me siento bien, pero creo que mi visita es necesaria.

CARLOS: _____

EL PADRE: No creo que las pruebas duren más de una hora.

CARLOS: _____

EL PADRE: ¿Si el doctor me da una receta, puedes llevármela a la farmacia?

CARLOS: _____

Conversations

For each of the themes listed below, hold a conversation with a classmate or your teacher. Each conversation should consist of six (6) relevant utterances on the part of each participant. Avoid yes/no responses, restatements of what has previously been said, and socializing utterances not relevant to the theme. After both themes have been done, you may wish to reverse roles and repeat them.

1. A tells B about a trip the he/she is planning to Puerto Rico. A begins the conversation.
2. B tells A that he/she wants to be a letter carrier and they discuss various aspects of the job. B begins the conversation.

Description and Dialog

1. Based on the story, write a description of the picture on page 31. Be sure to mention who the people are, as well as to explain their facial expressions. (Minimum: ten [10] sentences)

2. Prepare with a classmate a dialog between Diego Sánchez and Dr. Gómez, as shown on page 31. Base your dialog on the events of the story and present it to the class. Each participant should provide at least five (5) utterances.

Spanish In Action

¿PROBLEMAS DEL ESTÓMAGO?

DOLOR GAS ACIDEZ ÚLCERAS

DR. RAYMOND PÉREZ

Cuenta con los métodos más modernos y efectivos en el tratamiento de enfermedades del estómago y del sistema gástrico en general.

Avenida Ponce de León, #23
Río Piedras, Puerto Rico
Tel. 787-555-3455

Calle Dr. Vidal, #50
Humacao, Puerto Rico
Tel. 787-852-3455

Aceptamos Medicare y la mayoría de los planes de seguro.
Aceptamos tarjetas de crédito.

This advertisement is for someone who

1. needs a loan.
2. wants to continue his/her education.
3. has an old house.
4. feels ill.

Translate the advertisement for a friend who doesn't know Spanish.

Comprehension Cues

Word order in Spanish is often different from English word order. In Spanish, for example, many descriptive adjectives follow the nouns they modify. Translate the following phrases into English:

la época colonial   un tono muy serio
la selva tropical   la receta maravillosa

Portfolio

With the help of your Spanish teacher, interview a person born in Puerto Rico or another Spanish-speaking country. Record the interview on video or audio tape. Prepare your questions in Spanish beforehand. Try to obtain the following information:

1. a description of where the person was born

2. memories of family and childhood

3. school life

4. points of interest that attract visitors

Share your interview with the class.

5

The Chicanos

Hispanic Americans of the Southwest

If we glance at a map of the United States, we are impressed by the large number of Spanish place-names scattered throughout the Southwest. Familiar names like San Francisco, Colorado, and Los Alamos remind us that much of our country was once a Spanish colony or part of Mexico.

The first state to be formed from Mexican territory was Texas, which was colonized by American settlers in the 1820's. Texas joined the Union in 1845. The United States gained the rest of its southwestern territories as spoils of victory in the Mexican War (1846–1848). When the war ended, our country acquired Arizona, Utah, Nevada, California, and parts of Colorado and New Mexico. It also acquired the Mexican populations of these areas—Spanish-speaking communities that were abruptly separated from their mother country by the shift of boundaries. These Mexicans and their descendants generally clung to their own language and customs.

In the twentieth century, the number of Mexicans in the Southwest was greatly increased by waves of immigrants and the presence of seasonal agricultural workers. Most of the newcomers were seeking to improve their standard of living. Many settled in Mexican-American neighborhoods called **colonias** or **barrios** and were forced to take low-paying jobs. Mexican-Americans were called "Chicanos"—a word derived from **mexicano**—and often suffered discrimination and harsh treatment at the hands of their "Anglo" neighbors.

The second half of the twentieth century saw a movement on the part of the Chicanos to assert their rights as Americans and press their demands for equal opportunity in employment and education. They also demanded respect for their Mexican heritage, and their efforts contributed greatly to the establishment of bilingual-education programs for Hispanic children in

American public schools. Chicano labor leaders like César Chávez (1927–1993) fought long and hard to win decent wages and working conditions for migrant workers.

Mexican-Americans are eager to share the "American Dream" and form the largest of the Hispanic communities in the United States. After years of struggle, they have become a dynamic force in all aspects of our society, including government, professions, business, and the arts.

El triunfo del campeón

Have your ever been excluded from an activity in which you wanted to participate? How did you feel? Let's see how Pablo's experience changed his life and led him to success.

Modismos

acercarse a *to approach*	**lo que cuenta** *what counts, what matters*
dar gritos *to shout*	**tocarle a uno** *to be one's turn*
encaminarse a *to make one's way to*	

Vocabulario

angelino(-a) *native of Los Angeles*	**deportividad** f. *sportsmanship*
anhelar *to yearn*	**desprecio** m. *scorn, contempt*
beca f. *scholarship*	**equipo** m. *team*
campeón m. *champion*	**posibilitar** *to make possible*
campeonato m. *championship*	**sacar** *to serve* (sports term)
cancha f. *court (sports)*	**tarifa** f. *fare*
casualidad f. *chance (luck)*	**triunfo** m. *triumph*
ciudadano(-a) *citizen*	**ventaja** f. *advantage*
conmovido, -a *moved, stirred*	

En Los Ángeles, la ciudad más grande de California, hay un famoso club de tenis que tiene un estadio para muchos espectadores. Hoy está lleno de aficionados porque es el día de un importante campeonato profesional. Reina un silencio absoluto, ya que hemos llegado al último punto del partido. Los dos rivales son el inglés Jack Gray y Pablo Morales, ciudadano

americano de origen chicano. Morales tiene la ventaja y le toca a él sacar.
Gray no puede devolver su saque. Morales triunfa mientras la multitud da
gritos de entusiasmo.

Pablo es un joven angelino de 24 años. Por su talento en la cancha y
su buena deportividad ha ganado gran popularidad entre los aficionados.
Con la alegría del momento, tira su raqueta al aire y salta la red para darle
la mano a Gray. Momentos después, el señor Stanton, presidente del club,

hace la presentación del trofeo de plata y un cheque. Pablo los acepta y viene al micrófono para hablarle al público. Da las gracias a los espectadores, alaba la habilidad de Jack Gray y dice finalmente:

—Quiero agradecer especialmente al señor Stanton, quien es verdaderamente la persona que posibilitó mi triunfo de hoy.

Momentos después, los aficionados están saliendo lentamente del estadio, y el señor Stanton habla con Pablo.

—Gracias por su comentario, pero de veras no lo entiendo. Nos hemos conocido hoy. ¿Cómo puedo ser responsable de su gran éxito en el deporte?

—Pues, es algo complicado—responde Pablo.

—En ese caso—dice Stanton,—venga a cenar conmigo esta noche en el restaurante del club, y allí podrá explicármelo todo.

A las diez de la noche los dos terminan una cena deliciosa, y el joven comienza su explicación.

—Verdaderamente nos conocimos antes, aunque sin duda Ud. no lo recuerda. Hace diez años empecé a interesarme en el tenis. Pensé en los grandes jugadores del pasado como Pancho Gonzales, y quise imitarlos. Yo era un buen atleta y anhelaba aprender a jugar al tenis. Desafortunadamente, no había canchas cerca de mi casa. Había leído de algunos partidos de tenis que tenían lugar en este club y decidí venir aquí para pedir la oportunidad de jugar. Francamente, yo no tenía la ropa apropiada, y mi raqueta era muy vieja. Además, el club estaba bastante lejos de mi casa, y yo no tenía el dinero para la tarifa del autobús. Tuve que recorrer la distancia a pie. El club tenía varias canchas. Cuando llegué allí, vi que algunas ya estaban ocupadas, pero aún había algunas desocupadas. Por eso estaba seguro de que me darían permiso para jugar. El único problema sería encontrar un oponente. Me dirigí a la entrada del club. Por casualidad, Ud. pasaba por allí en ese momento. Me detuvo y me dijo: «¿Qué quieres, chico? No puedes jugar aquí. Sólo los miembros pueden usar las canchas del club.» Yo contesté sin pensar: «En ese caso, yo quisiera hacerme miembro del club.» Ud. me miró de arriba abajo y se rió, diciendo: «Dudo que puedas pagar la cuota… ¿Y que piensas hacer con esa raqueta antigua, pescar?…Vete, chico.»

—Ud. no puede imaginar el dolor que me causaron sus palabras. Salí del club enseguida y me encaminé a casa con los ojos llenos de lágrimas. Desde ese momento resolví volver al club un día como campeón. El resto de mi historia ya lo sabe bien. En la escuela superior jugaba en el equipo de tenis. Gracias a la ayuda de mis entrenadores, recibí una beca en la universidad, y nuestro equipo ganó el campeonato dos veces. Después de graduarme, me hice tenista profesional... y aquí estoy.

—Ahora entiendo—dice el señor Stanton,—y tengo que decirle que yo también le debo a Ud. mucho. Me ha enseñado algo muy importante. En el tenis lo que cuenta es la habilidad, la clase social no importa. De mañana en adelante vamos a permitir que cualquier joven talentoso juegue en nuestro club, sea de familia rica o pobre. Y para los que no tengan bastante dinero para comprar una raqueta y pagar lecciones, vamos a establecer un programa de instrucción especial. Yo personalmente haré una contribución a ese programa, y estoy seguro de que mis amigos lo harán también. Y vamos a llamarlo el Programa Morales, en su honor.

El campeón está tan conmovido, que tarda unos segundos en decir:

—Gracias. Para mí, este triunfo es más importante que el campeonato de hoy.

EJERCICIOS

Selección

Escoja la expresión que complete la frase correctamente.

1. El cuento comienza en un famoso club de (fútbol, literatura, tenis, baile).
2. Pablo salta la red para (dar la mano a Gray, salir de la cancha, hacer ejercicios, mantenerse caliente).
3. El trofeo es de (oro, plata, madera, cobre).
4. Pablo alaba (la deportividad, la habilidad, el saque, el espíritu) de Gray.
5. El señor Stanton no (entiende, oye, escribe, repite) el comentario de Pablo.

¿Cierto o falso?

Si la frase es cierta, repítala; si es falsa corríjala.

1. Pancho Gonzales era un famoso jugador de tenis.
2. Había canchas de tenis cerca de la casa de Pablo.
3. Al principio, Pablo tenía una raqueta excelente.
4. Cuando lo conoció por primera vez, el señor Stanton le habló con desprecio a Pablo.
5. En las canchas admitían sólo a los miembros del club.

Para completar

Complete las siguientes frases basándose en la historia.

1. Pablo resolvió volver al club como _____.
2. En la escuela superior, Pablo jugó en el _____ de tenis.
3. Recibió una beca en _____.
4. Al final de la historia, el señor Stanton decide que cualquier joven _____ podrá jugar en el club de tenis.
5. En el club van a establecer un programa de _____.

Para contestar

Responda a las preguntas en frases completas.

1. ¿Por qué hay muchos espectadores en el estadio?
2. ¿Cómo muestra la multitud su entusiasmo?
3. ¿Quién triunfó en el partido?
4. ¿Quién recibe gracias especiales del campeón?
5. Al llegar al club por primera vez, ¿que no tenía Pablo?
6. ¿Quién le dijo a Pablo que no podía hacerse miembro del club?
7. ¿Qué resolvió hacer Pablo?
8. ¿A quiénes ayudará el Programa Morales?
9. ¿Qué cambio nota Ud. en la actitud del señor Stanton?
10. ¿Le gusta a Ud. jugar al tenis? ¿Por qué?

Composition

Write a composition about you and your friend Carlos. It should consist of ten (10) sentences conveying the following information.

1. After school you and your friends make your way to the tennis court in the park.
2. You can walk there in fifteen minutes so you don't have to pay a fare.
3. Often when you approach the courts you find that others are already playing.
4. When it's your turn, you prefer to play with your friend Carlos.

5. He is the school tennis champion.

6. When Carlos serves the ball perfectly, everybody shouts.

7. Carlos is famous for his sportsmanship and plays on the tennis team.

8. Carlos yearns to attend a university in California.

9. He hopes to receive a scholarship and play on the tennis team.

10. When he speaks of his triumphs, he says that what (**lo que**) counts is to practice a lot.

Diálogo

Complete el diálogo lógicamente con oraciones o preguntas.

Fernando discute sus planes con su consejera, la señora Smith.

SRA. SMITH: ¿Ves alguna ventaja en asistir a una universidad en otro estado?

FERNANDO: _____

SRA. SMITH: Tus buenas notas posibilitan muchas oportunidades.

FERNANDO: _____

SRA. SMITH: Formas parte del equipo de fútbol, ¿verdad?

FERNANDO: _____

SRA. SMITH: Creo que puedes ganar una beca en la universidad.

FERNANDO: _____

SRA. SMITH: Sé que anhelas ser médico algún día.

FERNANDO: _____

Conversations

For each of the themes listed below, hold a conversation with a classmate or your teacher. Each conversation should consist of six (6) relevant utterances on the part of each participant. Avoid yes/no responses, restatements of what has previously been said, and socializing utterances not relevant to the theme. After both themes have been done, you may wish to reverse roles and repeat them.

1. A and B discuss their plans for attending college (**la universidad**) mentioning where, why. They also discuss how expenses will be paid. A begins the conversation.

2. A invites B to play tennis at a club, at which he/she is a member. B begins the conversation

Description and Dialog

1. Based on the story, write a description of the picture on page 40. Be sure to mention the meaning of the gesture made by the man sitting on the table. (Minimum: ten [10] sentences)

2. Write a dialog between Pablo and Mr. Stanton as pictured on page 40. Each participant should have at least five (5) utterances.

Spanish In Action

Ponce, PR– La liga de béisbol Periquitos invita a todos los ponceños y personas de pueblos limítrofes a la inauguración de la temporada. Este año jugarán diez equipos donde participan niños y niñas entre las edades de 9 a 12 años.

This item mentions a program for youngsters interested in

1. sports.

2. travel.

3. reading improvement.

4. acquiring a pet.

Translate the article for a friend who doesn't know Spanish.

Comprehension Cues

Object pronouns in Spanish precede most conjugated verb forms. This word order differs from that of English. For example:

Pablo *los* acepta.   *Pablo accepts* them.

Give the English equivalent for the following expressions.

1. Mis amigos lo harán.
2. Ud. me detuvo.
3. Juan te recuerda.
4. Los entiendo.
5. Nos darían permiso.

Portfolio

For display in school, prepare a Hispanic Sports Hall-of-Fame. Ask your teachers, librarian, and family members to help you. For each sports figure chosen, include a picture, basic biographical data, and a description of his/her accomplishments.

Review

A. Exprese las siguientes frases en inglés.

1. Al entrar en la casa contigua, ella se fijó en los muebles antiguos.
2. Por cierto conocen a Juan Gómez.
3. Escribió su nombre y su dirección en una tarjeta.
4. Viven en una casa muy humilde.
5. Mañana vamos al sorteo.
6. ¿Qué valor tiene la sortija?
7. Él conviene en pintar la casa la semana que viene.
8. Estudio y, por lo tanto, recibo buenas notas.
9. La anciana compró una lámpara de hierro forjado.
10. Éste es el único libro que voy a comprar.
11. Pensamos mudarnos en tres años.
12. Los campesinos tienen una vida tranquila.
13. Mi hermano menor siempre desea salirse con la suya.
14. Por desgracia no llegaron a tiempo.
15. Sólo un milagro puede salvar al enfermo.
16. A causa del mal tiempo, la avenida está cerrada al tránsito.
17. Estaba a punto de contestar, pero decidió guardar silencio.
18. La idea de invitar a mil personas fue un capricho.
19. Pierda Ud. cuidado; el examen será fácil.
20. Mi tío nos visita raras veces.
21. El gerente de la tienda tiene muchas responsabilidades.
22. De postre me gusta comer flan.
23. El hombre se inclinó para recoger la cartera.
24. Si Ud. no puede cantar, silbe.
25. Mañana me toca borrar la pizarra.

26. Se trata de mucho trabajo y buena suerte.

27. Mis padres posibilitarán mi viaje a España.

28. El campeón de tenis es un hombre muy modesto.

29. Juan es famoso por su deportividad.

30. Es malo tratar a los demás con desprecio.

B. Reorganice las palabras para formar frases completas.

1. para / tren / el / está / salir

2. reloj / dueño / su / Pedro / a / devolvió / el

3. una / pequeña / vivía / en / casa / viuda / la

4. tiempo / llegar / muchachos / a / apresuraron / los / a / se

5. bien / salsa / la / baila / pareja / la / muy

6. Alberto / de / está / el / en / coche / venta

7. es / Bernardo / muy / amigo / testarudo / mi

8. bien / Pablo / logra / siempre / contestar

9. por / admiramos / franqueza / su / María / a

10. campesino / los / en / trabaja / el / campos

11. la / dos / vez / actores / a / hablaron / los

12. regresar / California / mis / a / primos / anhelan

13. se / avión / al / acercaba / aeropuerto / el

14. una / jugar / reservar / tenis / para / que / cancha / una / hay / al

15. jugará / de / campeonato / mañana / se / el / béisbol

16. una / joven / honrado / el / recompensa / recibió / buena

17. entre / el / las / está / rascacielos / nubes

18. todo / el / su / gasta / tonto / dinero

19. del / todos / después / gritos / concierto / dieron

20. de / duradera / es / la / Cervantes / influencia

C. Traduzca al español las expresiones entre paréntesis.

1. Nosotros (*realize*) la verdad.

2. La (*poverty*) es un problema en todo el mundo.

3. Deseo comprar un (*copy*) de Don Quijote.

4. Al oír el chiste, yo (*can't help*) reír.

5. La princesa vivía en una (*tower*) muy alta.

6. La (*security*) de la patria es muy importante.

7. Juan (*succeeded in*) completar todo el trabajo.

8. Quiero pasar el verano en un (*resort*).

9. Al despedirse de su novio, María dio un (*sigh*) profundo.

10. Ellos (*will get ready to*) cantar juntos.

11. Mi viaje por los Estados Unidos ha sido (*marvelous*).

12. El médico dice que la (*test*) no causará mucho dolor.

13. Cuando hay peligro yo (*shout*).

14. Clara (*is submitting*) a un reconocimiento en el hospital.

15. Ud. estará (*stirred*) al ver la triste conclusión de la película.

16. Carlos vio una moneda en la (*sidewalk*).

17. Es difícil (*to save*) mucho dinero.

18. Después de hablar mucho los comerciantes deciden (*to close the deal*).

19. En la clase, ellos (*find out*) mucho sobre Latinoamérica.

20. María (*hesitates*) antes de entrar en la escuela.

21. Clara es muy simpática y tiene muchos (*suitors*).

22. Hay algo (*strange*) en esa película.

23. (*Perhaps*) va a llover mañana.

24. Elena vio a Juan por (*chance*).

25. El buen jugador de tenis (*serves*) muy rápidamente.

26. Los bomberos (*saved*) a todos los habitantes de la casa.

27. El (*manufacturer*) vive en una casa grande.

28. Una persona que asiste a la universidad tiene muchas (*advantages*).

29. Después de su (*triumph*) el jugador le dio gracias al público.

30. En el restaurante, muchas veces pido (*fried green plantains*).

D. Conteste las preguntas en frases completas.

1. ¿Qué compra Ud. en un almacén?

2. ¿Cuándo tendrá lugar el próximo baile en su escuela?

3. ¿Dónde puede Ud. conseguir un diccionario?

4. ¿Qué usamos para cruzar el Atlántico?

5. ¿Es difícil ser catedrático? ¿Por qué?

6. ¿Recoge Ud. dinero cuando lo ve en la calle? ¿Por qué?

7. ¿Qué tiene ganas de hacer Ud. mañana?

8. ¿Qué hacen los obreros en el taller?

9. ¿Cómo es el ambiente de su escuela?

10. ¿Con quién discute Ud. sus problemas financieros?

11. ¿A qué parte de los Estados Unidos van muchas personas después de jubilarse?

12. ¿En qué país usan pesetas?

13. ¿Cuándo guarda Ud. silencio en la clase?

14. ¿Qué se vende en una quincallería?

15. ¿Dónde le gustaría pasar su luna de miel?

16. ¿Por qué es bueno casarse con alguien que tiene una dote grande?

17. ¿A quién mima Ud.?

18. ¿Dónde viven los campesinos?

19. ¿Cómo pasa Ud. los domingos por lo general?

20. ¿Qué dice Ud. al despedirse de sus amigos?

21. ¿Cómo se llama el barrio donde vive Ud.?

22. ¿Qué le trae a Ud. el cartero?

23. ¿Cuándo necesita Ud. una receta?

24. ¿Cuándo le hace un reconocimiento a Ud. el médico?

25. ¿Cómo puede Ud. ganar una beca?

26. ¿Cuánto es la tarifa dc autobús?

27. ¿Dónde viven los angelinos?

28. De los equipos de su escuela, ¿cuál es su favorito?

29. ¿De qué país es Ud. ciudadano(-a)?

30. ¿A qué hora se encamina Ud. a la escuela?

6

Peru

Land of the Incas

When the Spanish conquistadors reached Peru, they came upon a vast empire extending two thousand miles. It was ruled by a monarch called the Inca, the word for emperor in Quechuan language. The Inca ruled his domain from his palace in Cuzco, a city perched high in the Andes Mountains at an altitude of eleven thousand feet, more than two miles.

Francisco Pizarro, the commanding conquistador in Peru, captured emperor Atahualpa and imprisoned him in his palace. Pizarro promised that Atahualpa would be set free if his people filled a palace room with gold from floor to ceiling. The Inca's loyal subjects complied fully with this demand, but in vain: the Spaniards, fearing that Atahualpa would rally his people and launch an attack on his captors after they released him, accused him of heresy and condemned him to death.

Today, almost half of the population of Peru is pure Native American. About one third are mestizos and the remainder are of European, Asian, and African descent. Peru has two official languages, Spanish and Quechua, the name of the largest Native-American group.

Located on the Pacific coast of South America, Peru has benefited from strenuous efforts to raise its standard of living through exploitation of its rich mineral resources and the development of its agriculture and fishing industry.

Another important economic resource is tourism. The desert coastal plain, the lofty Andes Mountains, and the Amazon basin with its lush forests and jungles present a varied and beautiful natural panorama. The colonial charm of cities like Lima, the capital, attracts visitors from abroad. Many tourists come to Peru to marvel at the imposing remains of the great pre-Columbian civilizations. The museums of Peru exhibit pre-Columbian artifacts of amazing beauty and sophistication. Cuzco stands as a monument to the genius and skill of the Inca engineers. And, of course, there is Machu Picchu, the hidden city of the Incas, which was lost to the world for almost four centuries. Situated high among the craggy peaks of the Andes, Machu Picchu is considered one of the most beautiful sites in the Western Hemisphere.

Recompensa merecida

How do your measure success in life? Retired teacher Gerardo Sánchez was disillusioned with what he had achieved. Then he learned a very important lesson. Do you think that he was a successful man?

Modismos

a fondo *thoroughly*	**por último** *finally*
hacer caso de *to notice*	**soñar con** *to dream of*
por lo visto *apparently*	

Vocabulario

actual *present, current*	**merecer** *to deserve*
antepasado m. *ancestor*	**orgulloso, -a** *proud*
artesanía f. *craftsmanship*	**salón de actos** m. *auditorium*
cambiar *to change*	**sobresaliente** *outstanding*
corona f. *crown*	**sueldo** m. *salary*
equivocarse *to err, be mistaken*	

Todos en el salón de actos se levantaron espontáneamente para aplaudir a Gerardo Sánchez. Era el día de la ceremonia de graduación en el Liceo Bolívar de Lima, Perú. Además de dar los diplomas a los estudiantes que habían completado sus cursos con éxitos, el director, el Sr. Ferrer, le entregó a Gerardo Sánchez un reloj de oro con la siguiente inscripción: «Al profesor Gerardo Sánchez, de sus estudiantes, por sus treinta y cinco años de labor sobresaliente.»

Gerardo lo aceptó con modestas palabras de gratitud, y en pocos minutos, terminada la ceremonia, él y su esposa Margarita andaban lentamente por las calles de la ciudad a su apartamento. Durante el paseo, era

inevitable que Gerardo repasara los años de su carrera. Pensaba en sus días en la universidad, en el problema de escoger entre la profesión de profesor y la de abogado. Ésta le ofreció una carrera excelente con la posibilidad de riquezas, y aquélla le daría la oportunidad de estudiar a fondo la historia de su patria y, a la vez, comunicarle su entusiasmo a la generación más joven.

Gerardo recordaba sus momentos de triunfo: los descubrimientos que había hecho al explorar las ruinas de la civilización precolombina. Recordaba también a estudiantes excepcionales como Mario Vargas, que ya era un distinguido catedrático de historia en la Universidad de San Marcos.

Pensaba también en las frustraciones de su profesión: en los estudiantes desatentos, los sueldos bajos, los problemas ocasionales con los padres y con sus propios colegas. Pero entonces pensó: «¿Qué me queda? Mi esposa, la buena salud, una pensión modesta que me permitirá vivir decentemente, y sobre todo, mi interés en la historia. Sin duda, voy a continuar mis estudios.»

Desde niño, Gerardo se había interesado en la civilización india que existía antes de la llegada de los españoles. Muchas veces había visitado a Cuzco, la antigua capital de los incas, y también a Machu Picchu, una fabulosa ciudad perdida, descubierta en la época moderna. Gerardo tenía sangre india en sus venas y se sentía muy orgulloso de sus antepasados.

Antes de la llegada de los europeos, los incas tenían un vasto imperio con un gobierno y una economía muy bien organizados. Habían producido maravillas de arquitectura y artesanía, y un excelente sistema de caminos para mantener la comunicación. Los incas eran la clase noble de la sociedad, cuyos descendientes se llaman quechuas hoy día. Muchos de ellos hablan todavía la lengua de sus antepasados. La mayoría de los peruanos actuales son indios o mestizos.

Gerardo y Margarita volvieron a casa. Él se sentó en su butaca favorita y soñó con gozar de su bien merecido descanso. Pero pasaban los días y la esposa empezó a hacer caso de cierta tristeza por parte de su marido. No estaba dedicándose a sus estudios con el entusiasmo acostumbrado. Pasaba horas enteras callado, sin hacer nada. Por último, cuando Margarita le preguntó la causa de esto, él contestó:

—Pues, ahora que mi carrera ha terminado, empiezo a pensar que mi vida ha sido un fracaso. Por lo visto, no soy más que un humilde profesor que todos van a olvidar pronto.

Al oír esto, la esposa salió de la sala y regresó dentro de poco con un libro en la mano. Luego le dijo a Gerardo:

—Para mostrarte que te equivocas, quiero que veas este libro que iba a regalarte para tu cumpleaños la semana que viene. La obra se titula «Estudio de la civilización incaica», el autor es tu antiguo estudiante, Mario Vargas. Si hubieras leído el periódico el domingo pasado, habrías notado que los críticos consideran este libro como una obra maestra.

—Pero Vargas se ha olvidado de mí. Hace tantos años que estuvo en mi clase...—respondió Gerardo.

—Pues mira la primera página—dijo Margarita.

La expresión de su esposo cambió de tristeza a alegría y orgullo cuando leyó lo siguiente:

«Dedico este libro a don Gerardo Sánchez, mi antiguo y excelente profesor de historia. Su influencia me inspiró a hacer las investigaciones que presento aquí. La inspiración de este maestro es una joya de valor inestimable en la corona de la cultura del Perú.»

EJERCICIOS

Selección

Escoja la expresión que complete la frase correctamente.

1. Todos se levantaron para (ver, aplaudir, censurar, interrumpir) a Gerardo Sánchez.

2. El profesor recibió (su diploma, un libro, un reloj, una medalla).

3. Margarita era su (discípula, esposa, hermana, colega).

4. De joven, Gerardo escogió entre la carrera de profesor y la de (médico, ingeniero, abogado, comerciante).

5. Mario Vargas había sido (estudiante, jefe, enemigo, socio) de Gerardo.

¿Cierto o falso?

Si la frase es cierta, repítala; si es falsa corríjala en español.

1. Gerardo tenía problemas ocasionales con padres y colegas.

2. Cuzco es la antigua capital de los mayas.

3. Antes de la llegada de los españoles, los habitantes del Perú tenían un excelente sistema de caminos.

4. Muchos de los habitantes del Perú hablan portugués.

5. Después de jubilarse, Gerardo se mostró muy alegre.

Para completar

Complete las siguientes frases basándose en la historia.

1. Gerardo comenzó a pensar que su vida había sido un _____.

2. Un día, Margarita volvió a casa con un _____ en la mano.

3. El libro trataba de la civilización _____.

4. Cuando Gerardo leyó la primera página su expresión cambió de tristeza a _____.

5. El autor del libro era _____.

Para contestar

Responda a las preguntas en frases completas.

1. ¿Cuánto tiempo hacía que Gerardo era profesor?

2. ¿Al jubilarse, qué recibió de sus estudiantes?

3. ¿En qué otra profesión había pensado Gerardo?

4. ¿Cuál fue uno de los triunfos profesionales de Gerardo?

5. ¿Cómo era la civilización de los incas?

6. ¿Por qué estaba triste Gerardo después de jubilarse?

7. ¿Qué le regaló Margarita a Gerardo para su cumpleaños?

8. ¿Qué inspiró a Mario Vargas a hacer sus investigaciones?

9. ¿Quién es tu profesor(-a) favorito(-a)? ¿Cómo es?

10. ¿Le gustaría ser profesor(-a)? ¿Por qué?

Composition

Write a composition in Spanish about Mrs. López, a history teacher. It should consist of ten (10) sentences which convey the following information.

1. Mrs. López is an outstanding history teacher in our school.

2. Her ancestors were Mexican but she was born in this country.

3. She always dreamt of being a teacher.

4. One of her teachers in high school noticed her intelligence and recommended her for a scholarship.

5. At (**En**) the university she thoroughly studied Spanish-American history.

6. She brings many examples of Spanish-American craftsmanship to her classes.

7. She feels proud when she uses them in her lessons on Spanish America.

8. Last week in the auditorium, the students honored Mrs. López as the teacher of the year.

9. We are not mistaken when we say that she deserves it.

10. Mrs. López says that her salary is "high" because to be a good influence on her students is worth a lot.

Diálogo

Complete el diálogo lógicamente con oraciones o preguntas.

El señor García habla con su hijo Pablo acerca de sus planes de jubilarse.

SR. GARCÍA: Pablo, el año que viene pienso por último jubilarme.

PABLO: _____

SR. GARCÍA: Si el costo de vida no sube mucho, una pensión me valdrá tanto como mi sueldo.

PABLO: _____

SR. GARCÍA: ¿Crees que me equivoque al vender nuestra casa?

PABLO: _____

SR. GARCÍA: En mis horas libres, pienso dedicarme a la artesanía.

PABLO: _____

SR. GARCÍA: ¿Cómo reaccionará tu mamá al cambio en nuestra vida actual?

PABLO: _____

Conversations

For each of the themes listed below, hold a conversation with a classmate or your teacher. Each conversation should consist of six (6) relevant utterances on the part of each participant. Avoid yes/no responses, restatements of what has previously been said, and socializing utterances not relevant to the theme. After both themes have been done, you may wish to reverse roles and repeat them.

1. A tells B that he/she wants to be a teacher. B asks why and they discuss the "pros and cons" of the profession. A begins the conversation.

2. B invites A to go to the museum to see an exhibit (**exposición**) of Spanish American culture. B begins the conversation.

Description and Dialog

1. Based on the story, write a description of the picture on page ***. Indicate the importance that the figures, mountains, and ruins have in Gerardo's life. (Minimum: ten [10] sentences)

2. Write a dialog between Gerardo Sánchez and his former student Mario Vargas, about a trip they plan to Cuzco. Each participant should provide at least five (5) utterances.

Spanish In Action

Machu Picchu es un patrimonio cultural, no sólo del Perú, sino del mundo entero. La famosa ciudad incaica cubre un área de veinte hectáreas y consiste en dos sectores: uno agrícola (andenes) y uno urbano (construcciones religiosas, militares y viviendas).

A una altura de 2350 metros (Plaza Principal), Machu Picchu se encuentra en la Zona Subtropical; de ahí su clima cálido y húmedo (75°F / 55°F).

Acceso: A 112 kilómetros de Cuzco por tren, hasta Puente Ruinas, de allí tome el microbús hasta la cima.

This article would be most helpful to a person who
1. wishes to apply for a work permit.
2. is interested in classical music.

3. needs a reliable automobile.

4. wants to visit an outstanding example of Native-American architecture.

Translate this item for a friend who doesn't know Spanish.

Comprehension Cues

A knowledge of Spanish prefixes is important in helping you determine the meanings of words. The forms **in-** and **des-** are often used as negative prefixes in Spanish. Here are some examples taken from the story that you have just read.

inevitable	desatentos
inestimable	descanso

Can you determine the meaning of the following words?

infeliz	descuido
injusto	desusado

Portfolio

Prepare a presentation on Machu Picchu for your class. Illustrate it with one or more of the following: a videotape, photos, pictures, a model. Mention: 1) the discovery of Machu Picchu in the early twentieth century by the American archaeologist Hiram Bingham; 2) current theories about the reason for the construction of the city during the time of the Inca Empire.

Argentina
Land of the Gaucho

Argentina, after Brazil, is the second largest country in South America and occupies most of the southern part of the continent. Much of Argentina consists of a wide grassy plain called the pampa. This fertile region of sprawling farms and pasture lands is a prime source of the nation's wealth. Argentina, like the United States, has an important cattle industry. The pampa is the home of the gauchos, who follow a long tradition of individualism, bravery, and excellent horsemanship similar to that of our cowboys. Modern gauchos retain many of the colorful customs of the past. They wear a hat with a wide brim and a flat crown, baggy trousers called **bombachas**, and always carry their **facón** (dagger) at hand. When rounding up cattle, they use **boleadoras**, which consist of three balls joined by leather thongs. They throw this device so skillfully that it wraps itself around the legs of the animal being pursued. In a moment of relaxation, gauchos may be seen sipping **mate**, a variety of bitter tea grown in South America. They pour the **mate** in a container called a **calabaza** and use a straw called **bombilla** to drink it.

One of the most interesting personalities in twentieth century Argentinean history is Eva Perón. Born in humble circumstances, she pursued a career in show business and married General Juan Perón, who was elected president in 1946. As first lady she was extremely active in helping the underprivileged and came to be regarded by many as a saintly figure. She died an untimely death in 1952 and her controversial life is the subject of many books. She has been immortalized in film and on the stage as well.

In 1982 Argentinean troops, pressing a long standing claim, occupied the British held Falkland Islands in the Atlantic. The British quickly recaptured the Falklands and, ironically, this defeat became a victory for the country, since it put an end to years of dictatorial rule by the military and paved the way for a democratic form of government.

In recent years, Argentina, with its great natural resources and highly literate population, has made excellent progress in living up to its great potential.

La ilusión de despedida

Ernesto was a man who knew a great deal about romance. Was it fair for him to lie to an innocent girl who loved him?

Modismos

en aquel entonces *at that time*
en cambio *on the other hand*
estar a punto de *to be on the point of*

hacerle caso a alguien *to notice (pay attention to) someone*
los enamorados perplejos *the lovelorn*
por consiguiente *consequently, therefore*

Vocabulario

agradecer *to thank*
andén m. *platform*
asomar *to show, stick out*
calvo, -a *bald*
compasivo, -a *sympathetic*
consultorio m. *advice column*
despedida f. *farewell*
engañar *to deceive*

estanciero(-a) m. *ranch owner*
fuente f. *source*
ganado m. *cattle*
llanura f. *plain*
ojal m. *buttonhole*
película f. *film, movie*
porteño(-a) *native of Buenos Aires*
trigo m. *wheat*

Buenos Aires es una de las ciudades más importantes del mundo hispánico. La capital de la Argentina es una metrópoli famosa por la belleza de sus edificios, su bello Parque Palermo y su importancia como centro de la publicación de libros y la producción de películas. El ambiente cosmopolita de esta ciudad contrasta con la vasta llanura llamada la pampa, fuente de la riqueza del país por su producción de ganado y trigo. La diferencia entre estos dos mundos se refleja en los dos personajes principales de nuestro cuento.

Ernesto era un porteño sofisticado y Dolores una simpática joven del campo. En aquel entonces, él trabajaba en las oficinas de un periódico

popular en la famosa Avenida Nueve de Julio. Era un hombre flaco, calvo, bajo de estatura y bastante avanzado en años. Él escribía el consultorio sentimental, y su columna diaria era muy popular. Aunque era personalmente bastante tímido, sabía dar consejos muy compasivos. Por eso, muchos porteños se interesaban en las respuestas que Ernesto daba a los enamorados perplejos.

Un día, Ernesto recibió la siguiente carta:

Querido Ernesto:

Me llamo Dolores y tengo veintidós años. Mi padre es dueño de una estancia grande cerca de la ciudad de Córdoba. Hace cuatro años que vivo en Buenos Aires, donde hago mis estudios universitarios. Estoy a punto de completarlos, y el lunes que viene regresaré a casa. Durante mis años en la ciudad he leído tu columna fielmente, y debo confesar que me he enamorado de ti. Aunque nunca nos hemos conocido, siento en el corazón que tienes que ser un hombre guapo, atractivo, simpático e ideal para mí. Yo sé que debo regresar a casa, donde los únicos jóvenes son gauchos muy ordinarios. Antes de partir, anhelo la oportunidad de verte una vez. Mi tren sale para Córdoba el lunes que viene a las diez de la mañana. Ven a la estación para despedirte de mí. Lleva un clavel blanco en el ojal para que te reconozca. Gracias.

Tu amor secreto,
Dolores

Al terminar de leer la carta, Ernesto pasó mucho tiempo reflexionando. Finalmente telefoneó a su amigo Antonio Suárez, un actor joven y guapo.

* * * *

El tren para Córdoba estaba para partir. Entre los pasajeros que se despedían de amigos y parientes en el andén estaba una bella señorita que asomaba la cabeza por la ventanilla del coche. Buscaba ansiosamente a alguien en la multitud. El tren comenzaba a moverse lentamente cuando llegaron corriendo dos hombres. Uno, un joven alto y guapo, llevaba un clavel en el ojal. El otro que lo siguió era viejo y bajo de estatura. En su alegría, Dolores no le hizo caso al segundo. Gritó sobre el ruido del tren:

—Adiós, Ernesto, sabía que vendrías.

A lo cual el joven contestó:

—¡Buen viaje, Dolores, y buena suerte!

Pocos minutos después, el tren había desaparecido, y Antonio le dijo a su amigo:

—Ernesto, vine aquí en tu lugar porque me lo pediste, pero francamente no me gusta engañar a una señorita inocente.

—Te lo agradezco—dijo Ernesto—, y ahora voy a explicártelo todo. Como sabes, Dolores sale de la capital para siempre. Nunca volverá a verme. El amor que sentía por mí era una cosa de inocente fantasía. Si nadie hubiera venido para decirle adiós, si yo hubiera aparecido como soy, habría destrozado sus ilusiones. Al ver a «Ernesto» joven y guapo, el espíritu del amor sigue dentro de su alma. Con el tiempo conocerá a un joven elegible con quien se casará. El amor es una emoción frágil que depende de la imaginación y el cariño. Hay que tratarlo tiernamente.

—Ahora entiendo—, dijo Antonio, mirando a su amigo viejo y feo con más respeto que nunca.

EJERCICIOS

Selección

Escoja la expresión que complete la frase correctamente.

1. Ernesto era habitante de (Río de Janeiro, Buenos Aires, Córdoba, Bogotá).
2. El padre de Dolores era (estanciero, peón, comerciante, gaucho).
3. La oficina de Ernesto estaba en (una tienda, un periódico, una revista, una fábrica).
4. Dolores nació en (las montañas, una isla, la costa, la pampa).
5. Las respuestas de Ernesto interesaban a los (gauchos, porteños, cariocas, campesinos).

¿Cierto o falso?

Si la frase es cierta, repítala; si es falsa corríjala.

1. Dolores estudiaba en Córdoba.
2. Ella pasó cuatro años en la capital.
3. La joven pensaba volver a casa dentro de poco.
4. Dolores y Ernesto no se habían conocido.
5. El tren saldría para Córdoba por la tarde.

Para completar

Complete las siguientes frases.

1. Antonio Suárez es un actor joven y _____.
2. Uno de los hombres llevaba _____ en el ojal.
3. A Antonio no le gustaba engañar a _____.
4. Dolores nunca volvería a ver a _____.
5. Antonio tenía más _____ que nunca por su amigo.

Para contestar

Conteste a las preguntas en frases completas.

1. ¿Por qué es famosa la ciudad de Buenos Aires?
2. ¿Cómo se llama la vasta llanura de la Argentina?
3. ¿Dónde trabajó Ernesto?
4. ¿Por qué pasó Dolores cuatro años en Buenos Aires?
5. ¿Cómo se había enamorado Dolores de Ernesto?
6. ¿Dónde quería Dolores que Ernesto se despidiera de ella?
7. ¿Quién acompañó a Ernesto a la despedida?
8. ¿Por qué no quería Ernesto que Dolores lo viera?
9. ¿Hizo mal Ernesto en engañar a Dolores? ¿Por qué?
10. En su opinión, ¿cuáles son los elementos importantes en el amor entre dos personas?

Composition

Write a composition in Spanish about a pen pal. The composition should consist of ten (10) sentences which convey the following information.

1. Your pen pal (**amiga por correspondencia**) Linda is an inhabitant of Buenos Aires.
2. Her best friend María is a very sympathetic person.
3. Linda is on the point of taking the train to visit her grandparents.
4. María will accompany her to the platform of the station.
5. The grandparents are ranch owners who live on the pampa.
6. The pampa is famous for the production of cattle and whcat.
7. Linda sees many films about the United States.
8. Therefore she wants to visit our country.
9. I thank her for (**le agradezco**) all the interesting things that she writes about Argentina.
10. Her visit to the United States next year will be a source of much pleasure.

Diálogo

Complete el diálogo lógicamente con oraciones o preguntas.

Juan habla con un viajero argentino en la estación de ferrocarril.

EL VIAJERO: Perdón, señor, ¿es éste el andén para el tren que va a Washington?

JUAN: _____

EL VIAJERO: He visto su capital en películas, y parece una ciudad muy bella.

JUAN: _____

EL VIAJERO: Soy un estanciero del campo, donde el ambiente es muy distinto.

JUAN: _____

EL VIAJERO: Por consiguiente, ¿podría Ud. decirme qué lugares debo visitar en su capital?

JUAN: _____

EL VIAJERO: Ha sido un placer hablar con Ud. ¿Cómo puedo agradecerle su bondad?

JUAN: _____

Conversations

For each of the themes listed below, hold a conversation with a classmate or your teacher. Each conversation should consist of six (6) relevant utterances on the part of each participant. Avoid yes/no responses, restatements of what has previously been said, and socializing utterances not relevant to the theme.

1. A wants to go to a school dance with a person who hasn't shown interested in attending. A asks B's advice about the problem. A begins the conversation.

2. A and B discuss their favorite newspapers in terms of the features which each likes best. B begins the conversation.

Description and Dialog

1. Write a description of the picture on page 62. Be sure to mention the feelings of the three people, as reflected in their facial expressions. (Minimum: ten [10] sentences)

2. Based on the story, prepare a dialog between the lady in the train and the man with whom she is speaking. Each participant should provide at least five (5) utterances.

Spanish In Action

Paradas del Tren : **TALGO P.**		
ESTACION	**Llegada**	**Salida**
BARCELONA-SANTS	:	08:30
SANT VICENÇ DE CALDERS	09:07	09:08
VALLS	09:27	09:28
LLEIDA	10:15	10:16
TARDIENTA	11:19	11:20
ZARAGOZA-EL PORTILLO	11:51	12:00
MADRID-CHAMARTIN	14:50	15:15
MADRID-ATOCHA CERCANIAS	15:28	15:30
LEGANES	15:43	15:44
TORRIJOS	16:18	16:19
TALAVERA DE LA REINA	16:42	16:43
OROPESA DE TOLEDO	17:00	17:01
NAVALMORAL DE LA MATA	17:15	17:16
MONFRAGÜE	17:43	17:44
MIRABEL	17:52	17:53
CAÑAVERAL	18:07	18:08
CACERES	18:38	18:40
MERIDA	19:35	19:47
MONTIJO	20:11	20:12
BADAJOZ	20:37	:
Origen Seleccionado : BARCELONA (*)		
Destino Escogido..... : MADRID (*)		
Días de Circulación: Diario		

This information is important for someone who wants to

1. exchange money.

2. take a trip.

3. wake up at dawn.

4. invest in stocks.

Comprehension Cues

In Spanish, a verb immediately following a preposition or a prepositional phrase appears in the infinitive form. In English, a verb following a preposition or a prepositional phrase appears in the "-ing" or gerund form. For example, **sin saber** is equivalent to *without knowing*.

Give the English equivalent for the following phrases:

antes de partir	**a causa de recibir**
después de llegar	**al terminar**
en vez de contestar	

Portfolio

Prepare a presentation on the gauchos of Argentina. Describe their importance in the historical development of Argentina and the life of the country today. Compare gauchos and American cowboys. Illustrate your report with pictures showing typical gaucho clothing, equipment, and customs.

8

Costa Rica

A Model of Democracy in Central America

Central America, the strip of land connecting North and South America, has six Spanish-speaking republics: Guatemala, El Salvador, Honduras, Nicaragua, Costa Rica, and Panama. Spanish is also widely spoken in Belize, although the official language is English. Panama broke away from Colombia in 1903. The other Spanish-speaking republics were once part of a confederation called the United Provinces of Central America, which was founded after the region gained its independence from Spain. In 1838 Costa Rica became an independent republic.

Although Central America has suffered from widespread poverty, illiteracy, and despotic governments, Costa Rica is a notable exception. The economy of Costa Rica is primarily agrarian, although industries such as food processing and textiles are developing. Its membership in the Central American Common Market is an important element in its economic growth. For many years the nation has enjoyed a democratic form of government, a relatively high standard of living, and almost universal literacy. Costa Rica is one of the few countries that has no armed forces, permitting the government to spend more money for the direct benefit of the people. They are almost exclusively of European origin. Ownership of land in Costa Rica is a privilege that a high percentage of its citizens enjoy.

In recent years, Costa Rica has become very attractive to tourists and retirees. The country has a well regulated system of national parks. It is very attractive to nature lovers who enjoy its beautiful beaches on the Pacific and the Caribbean, its fascinating flora and fauna in the tropical regions and the pleasing temperate climate of the central plateau where San Jose, the capital, is located.

¿Cuánto valdrás?

When Antonio left home, there was bitterness between father and son. Did
Antonio prove his worth or was his father right in his judgment?

Modismos

a su vez *in his (her) turn*	**de todos modos** *anyway*
aprovecharse de *to take advantage of*	**hacerse cargo de** *to take charge of*
darse cuenta de *to realize*	**irse a pique** *to sink*

Vocabulario

aleta f. *fin*	**heredero(-a)** *heir(ess)*
asunto m. *matter*	**puñal** m. *dagger*
cafetal m. *coffee plantation*	**quedarse con** *to keep*
desencadenarse *to break out*	**socorro** m. *help*
desheredar *to disinherit*	**sortija** f. *ring*
enojarse *to become angry*	**tarea** f. *task*
escafandra autónoma f. *scuba diving outfit*	**tiburón** m. *shark*
escudo m. *coat of arms*	**yate** m. *yacht*

Costa Rica, la más pequeña de las repúblicas centroamericanas, es famosa
por la excelente calidad de su café. El dueño de uno de los cafetales más
grandes de este país se llama Agustín Meléndez. Cierto día reinaba la
alegría en su suntuosa mansión porque acababa de llegar el joven Antonio,
su único hijo. Antonio había terminado sus estudios de biología marina en
una universidad de la Florida. Ahora toda la familia celebraba su regreso
con una cena muy festiva. Después de la cena, el padre invitó al joven a su
despacho para una charla seria.

    —Antonio, te felicito—dijo el padre—. Tus notas son excelentes e
indican que eres inteligente y trabajador. Pero ahora me gustaría discutir
contigo otros asuntos bastante importantes. Aunque gozo de buena salud,
no voy a vivir para siempre. Naturalmente, algún día vas a hacerte cargo
del cafetal. No es una tarea fácil, y de todos modos hay que comenzar tu
trabajo aquí en seguida.

A lo cual el hijo contestó:—Gracias por tu oferta, papá, pero no me interesa el cultivo del café. Quiero seguir mi propia carrera.

El padre empezó a enojarse y le dijo en todo irritado:—Sabes que eres mi único hijo y heredero. Cuento contigo. La ciencia en que te interesas no te hará rico. Si no te haces cargo del cafetal, voy a desheredarte.

Y Antonio repuso con calma:—Papá, no quiero aprovecharme de tu dinero. La única cosa tuya que voy a guardar es esta sortija que lleva el escudo de nuestra familia. Me quedo con la sortija porque pienso honrar el nombre de los Meléndez. Ahora, me voy...

Al salir, Antonio oyó el grito de enojo de su padre:—¡Vamos a ver! Sin mi dinero, ¿cuánto valdrás?

* * * *

Pasaron cinco años y el padre no tuvo noticias de su hijo. Pensaba frecuentemente en su última conversación con Antonio. El hijo, a su vez, nunca olvidó la cruel pregunta que su padre le había hecho.

Para divertirse, Agustín Meléndez tenía la costumbre de ir de pesca con algunos amigos en su yate *Estrellita*. Una tarde de septiembre, él y dos amigos pescaban en las claras aguas del Mar Caribe. De repente, se desencadenó una tempestad furiosa con truenos, relámpagos, viento muy fuerte y olas inmensas.

Agustín se dio cuenta de que su yate se iba a pique, y en los pocos segundos que le quedaban pidió socorro por radio. Pronto se encontró con sus amigos en las peligrosas aguas del mar. Todos sabían nadar, pero era evidente que iban a morir si nadie venía a salvarlos. Pasó una hora, y Agustín estaba a punto de perder la esperanza, cuando vio una lancha que se acercaba.

Comenzó a gritar y a hacer señales con las manos desesperadamente, cuando vio acercarse la aleta enorme de un tiburón. Ahora las tres víctimas se encontraban entre un enemigo mortal y su salvación. El tiburón estaba a diez metros de Meléndez cuando un hombre que llevaba una escafandra autónoma saltó de la lancha con un puñal en la mano. Empezó una lucha furiosa entre hombre y tiburón, y pronto el hombre desapareció con el monstruo marino bajo el agua turbulenta, que ahora estaba roja de sangre. Finalmente reapareció el héroe del combate, que nadó hacia los tres para ayudarlos a subir a la lancha. Acercándose a ella, Agustín observó que era un bote del Departamento de Biología Marina del gobierno, que se usaba para hacer investigaciones submarinas. Agustín tomó la mano del valiente hombre, que todavía llevaba su máscara. Iba a decirle que le debía la vida cuando algo le cortó la palabra. En la mano del que lo había salvado estaba la sortija con el escudo de la familia Meléndez. Por fin Agustín tuvo la contestación a su pregunta.

EJERCICIOS

Selección

Escoja la expresión que complete la frase correctamente.

1. Antonio era (amigo, socio, hijo, hermano) del señor Meléndez.
2. Todos se alegraban de (la partida, la llegada, la despedida, el discurso) de Antonio.

3. Había hecho estudios de (química, física, biología, geografía) en la universidad.

4. Antonio no se interesaba en (el cafetal, su familia, la ciencia, su carrera, la casa del señor Meléndez).

5. El hijo se quedaba con (el cafetal, una sortija, el auto de su padre, la casa del señor Meléndez).

¿Cierto o falso?

Si la frase es cierta, repítala; si es falsa, corríjala.

1. El padre no tuvo noticias del hijo durante dos años.

2. Agustín tenía su propio avión.

3. Agustín estaba pescando en el Atlántico.

4. Se desencadenó una furiosa tempestad.

5. Una lancha apareció en la escena.

Para completar

Complete las siguientes frases basándose en la historia.

1. Un enorme _____ se acercó a los tres hombres.

2. El hombre de la escafandra usó _____ para defenderse.

3. El bote del gobierno se usaba para hacer _____ .

4. El hombre que había salvado a los del yate llevaba _____ en la mano.

5. Finalmente Agustín tuvo _____ a su pregunta.

Para contestar

Responda a las preguntas en frases completas.

1. ¿Qué poseía Agustín?

2. ¿Qué había estudiado Antonio en la universidad?

3. ¿Dónde quería Agustín que su hijo trabajara?

4. ¿Por qué se enojó el padre?

5. ¿Al abandonar la casa, con qué se quedó Antonio?

6. ¿Qué causó la destrucción del yate?

7. ¿Qué peligro existía para los tres hombres en el mar?

8. ¿Quién salvó a los tres?

9. ¿Qué carrera va Ud. a escoger?

10. ¿Tienen sus padres mucha influencia sobre su decisión? ¿Por qué?

Composition

Write a composition in Spanish about doña Elsa, a succesful business-woman. It should consist of ten (10) sentences which convey the following information.

1. Doña Elsa realizes the importance of working hard.

2. In her youth she used to take advantage of every opportunity to earn money.

3. At the age of thirty she took charge of the bank where she was working.

4. In her turn she became president of the bank.

5. This is a very difficult task.

6. She gets angry if there are problems in the bank.

7. To have a good time she uses her yacht.

8. Recently she bought scuba diving outfits for her family.

9. Her husband and children have rings with the family's coat-of-arms.

10. She is a special person, and by all means we should imitate her (**imitarla**).

Diálogo

Complete el diálogo lógicamente con oraciones o preguntas.

Carlos invita a Juan a dar un paseo en su lancha.

CARLOS: Vamos a aprovecharnos del buen tiempo para dar un paseo en mi lancha.

JUAN: _____

CARLOS: Es una lancha muy segura, y es casi imposible irse a pique.

JUAN: _____

CARLOS: Dicen que por aquí aparecen tiburones de vez en cuando.

JUAN: _____

CARLOS: Si no hay olas grandes, espero usar mi escafandra autónoma.

JUAN: _____

CARLOS: ¿Se enojarán tus padres si regresamos para las cinco?

JUAN: _____

Conversations

For each of the themes listed below, hold a conversation with a classmate or your teacher. Each conversation should consist of six (6) relevant utterances on the part of each participant. Avoid yes/no responses, restatements of what has previously been said, and socializing utterances not relevant to the theme. After both themes have been done, you may wish to reverse roles and repeat them.

1. A tells B about a trip he/she is going to take on a yacht. A begins the conversation.

2. B tells A about his/her rich uncle who owns a coffee plantation in South America. B begins the conversation.

Description and Dialog

1. Based on the story, write a description in Spanish of the picture on page 71. (Minimum: ten [10] sentences)

2. Prepare a dialog between the two men holding the lifesaver. Assume that the man on your left is Agustín and the other is a friend of his. Each participant should provide at least five (5) utterances.

Spanish In Action

Parque Nacional de Tortuguero

Información General

Localización: a 258 Km. (160 mi.) de San José, en la costa del Caribe; a 84 Km. (52 mi.) de la ciudad de Limón.

Área: 18, 496 hectáreas terrestres (46,797 acres); 52,265 hectáreas marítimas (129,095 acres).

Servicios: Facilidades de camping

Excursionismo: Un bello sendero a lo largo de la costa

Precipitación Anual: 6,000 mm. (234 pulgadas)

Entrada: $15 en la puerta, $7 por adelantado

Tortuguero significa «cazador de tortugas». Como implica su nombre, el Parque Tortuguero comprende uno de los lugares de anidamiento más grandes e importantes para la tortuga verde, la tortuga carey y la tortuga baula. Estas tortugas vienen al área del Parque no sólo para poner sus huevos, sino también para comer «sargazo», un alga marina que es su alimento favorito.

The area described here is of interest to those who

1. want to start a new business.
2. like ancient sculpture.
3. make a living as farmers.
4. are interested in seeing wildlife.

Translate the above description for a friend who does not speak Spanish.

Comprehension Cues

To determine the meanings of words in Spanish, look for short familiar words inside "long" ones. Find the "short words" inside the words listed below and translate them, as shown in the example.

EXAMPLE: **el cafetal**—*café, coffee*

la riqueza	desheredar
trabajador	la esperanza
naturalmente	

Portfolio

Assume that you are a travel agent. With the help of your teacher prepare a "travel package" on Costa Rica for presentation to your class. This should be for a two week stay and include an itinerary with relevant information and illustrations.

9

Cuba

···

"The Pearl of the Antilles"

Cuba, the largest island in the West Indies (**las Antillas**), is know as "La Perla de las Antillas" because of its scenic beauty and natural wealth. Discovered by Columbus in 1492, it soon became a prosperous agricultural colony. Today sugar cane and tobacco are its leading crops.

Spain lost most of its empire early in the nineteenth century but maintained its hold on Cuba until 1898, despite a number of uprisings. The last rebellion against Spanish rule broke out in 1895 and won widespread sympathy in the United States. A leading figure in that revolt was the renowned Cuban patriot, poet, and journalist José Martí, who died in battle in 1895. He is considered Cuba's national hero. In 1898, while the rebellion still raged, the American battleship Maine mysteriously blew up in the Havana harbor, killing 260 persons on board. Shortly thereafter an angry American nation declared war on Spain, and within a few months defeated Spanish forces on land and sea.

By 1902 American troops had been withdrawn from Cuba and the island became independent. During the first-half of the twentieth century, the US exerted a strong influence upon the domestic and foreign affairs of the island because large amounts of American capital were invested in Cuban agriculture and mining. Also, a large number of American tourists was attracted by the charming and cosmopolitan capital, Havana.

During those years Cuba was governed by a series of corrupt dictatorships that did little to improve the life of the poor peasants, the **guajiros**. In 1956 a band of revolutionaries led by Fidel Castro launched a guerrilla war against the dictatorship of Fulgencio Batista. Castro's forces triumphed in 1959 and shortly thereafter it became apparent that he had established a communist dictatorship. Over a billion dollars of American property was expropriated by the new regime. Many Cubans, especially those in the middle and upper classes, found Castro's government politically and economically intolerable and emigrated from the island, some with permission and others at great personal peril. Almost a million left Cuba, most penniless because of government confiscation of their property.

Many Cuban exiles settled in Florida and the Northeast of our country, where they formed productive and prosperous communities. They have become patriotic Americans, grateful for their liberties and opportunities that the country offers. At the same time, they proudly retain the traditions and folkways of Cuba.

With the collapse of the Soviet Union in the last decade of the twentieth century, Cuba's prime source of foreign aid was cut off, plunging the country into a severe economic crisis. The Cuban government has made efforts to improve the situation by encouraging tourism and foreign investment.

Many look forward to changes which would bring about a democratic form of government to Cuba. This would be a key to renewed productive relations between the United States and its beautiful southern neighbor, only ninety miles from our shores.

Salir sin nada

What we have in our hearts and minds is more important than material possessions. Did Ricardo bring something important to the United States when he was compelled to flee from Cuba with his family?

Modismos

acabar por *to end by*	**ante todo** *above all*
al fin y al cabo *finally*	**decir para sí** *to say to oneself*
al parecer *apparently*	**hacer cola** *to stand in line*

Vocabulario

alejarse *to withdraw*
barca pesquera f. *fishing boat*
camerino m. *dressing room*
Cayo Hueso *Key West*
compartir *to share*
desarrollar *to develop*
espejo m. *mirror*

estrenarse *to make one's debut*
farándula f. *show business*
hombro f. *shoulder*
huir *to flee*
puente m. *bridge*
sollozar *to sob*

Eran las tres de la mañana. El cielo estaba nublado y escondía de los rayos de la luna una barca pesquera que se alejaba de la costa de Cuba. En el puente estaba una familia: el padre, la madre, un hijo de quince años y una hija de siete. El hombre tenía el brazo sobre el hombro de su esposa. Ella sollozaba casi silenciosamente. También se podían ver lágrimas en los ojos de sus dos hijos. Todos miraban fijamente mientras las últimas luces de la isla desaparecían lentamente.

Finalmente la mujer habló:—¡Ay de mí! Abandonamos a nuestra querida patria y la vida de nuestros antepasados. Dejamos atrás todas nuestras posesiones.

El padre trató de consolarla:—Pero querida, tenemos nuestra familia y la esperanza de vivir en libertad en los Estados Unidos.

Y la madre acabó la conversación diciendo:—¡Pero qué terrible es salir sin nada!

Estas palabras quedarían grabadas en la memoria del hijo...

Miami Beach es uno de los balnearios más populares de los Estados Unidos. Muchos van allí para gozar del clima tropical y de la gran variedad de diversiones que ofrece. Actualmente hay una colonia cubana muy grande en el sur de la Florida. Después de años difíciles, los cubanos de la Florida han llegado a ser una parte importante y próspera de la comunidad norteamericana. La influencia hispana se ve en todas partes, y le da ante todo un aire cosmopolita a Miami.

Hoy es un día especial. Todos hablan del mismo evento; lo anuncian la televisión, la radio y los periódicos. En el Casino Tropical, el más grande de la ciudad, va a estrenarse un nuevo espectáculo, y la estrella será Ricardo Pérez, el compositor y cantante más popular del momento. Al parecer, los discos de Ricardo han captado la imaginación de todo el público norteamericano.

Una hora antes del espectáculo, el casino está lleno de gente. Otros afuera hacen cola pacientemente. En su camerino, Ricardo está sentado frente a un espejo. Se mira, y ve a un hombre guapo, de unos treinta años y vestido con un traje típico cubano. Comienza a recordar... Su padre había sido un distinguido arquitecto en La Habana. Ricardo, en cambio, se había dedicado a estudiar música en el conservatorio. Vino la revolución y, con ella, la necesidad de huir porque su padre tenía enemigos en el gobierno nuevo.

Recordó el terrible viaje de Cuba a Cayo Hueso, el peligro constante de los tiburones y las tempestades. Los primeros años en los Estados Unidos fueron muy difíciles. Pero con el tiempo su padre logró restablecerse en su profesión. Ricardo había seguido con sus estudios y finalmente escogió una carrera en la farándula. Recordó sus primeros años como cantante, sus fracasos y sus pequeños éxitos—una carrera que parecía sin porvenir, hasta que desarrolló su propio estilo basado en los vibrantes ritmos de la música cubana.

Al fin y al cabo pensaba en las palabras de su mamá en la barca— «salir sin nada»—cuando lo interrumpió una llamada en la puerta:

—¡Quedan cinco minutos, señor Pérez!

Se levantó y dijo para sí: «Te equivocaste mamá, porque sí salí con algo: la tradición de la música cubana, que ahora comparto felizmente con mis nuevos compatriotas».

EJERCICIOS

Selección

Escoja la expresión que complete la frase correctamente.

1. La barca pesquera había salido de (México, la Florida, Cuba, Puerto Rico).
2. La niña del grupo tenía (seis, siete, cinco, diez) años.
3. (La mujer, La niña, El niño, El hombre) sollozaba casi silenciosamente.
4. La familia (vendió, dejó, cambió, compró) sus posesiones.
5. Esperaban vivir en libertad en (Cuba, Puerto Rico, los Estados Unidos, Europa).

¿Cierto o falso?

Si la frase es cierta, repítala; si es falsa corríjala en español.

1. La colonia cubana en el sur de la Florida es bastante pequeña.
2. La ciudad de Miami tiene un aire cosmopolita.
3. Los cubanos forman una parte próspera de la comunidad.
4. Ricardo Pérez es comerciante.
5. Ricardo es popular entre los norteamericanos.

Para completar

Complete las siguientes frases basándose en la historia.

1. Una hora antes del espectáculo, hay _____ en el casino.
2. Ricardo está sentado en _____.
3. En Cuba, Ricardo había estudiado _____.

4. Su padre había sido _____ en La Habana.

5. Ricardo se decidió por una carrera en _____.

Para contestar

Responda a las preguntas en frases completas.

1. ¿A qué hora partieron de Cuba?

2. ¿Qué hacía la madre casi silenciosamente?

3. ¿Quiénes eran los miembros de la familia?

4. ¿Qué esperanza tenía la familia al salir de Cuba?

5. ¿Cómo es la ciudad de Miami Beach?

6. En Miami Beach, ¿quién era el compositor y cantante más popular del momento?

7. ¿Qué recordó el cantante en su camerino?

8. ¿Con qué salió Ricardo de Cuba?

9. ¿Qué tipo de música prefiere Ud.?

10. ¿Cuál es su baile latino favorito?

Composition

Write a composition in Spanish about your favorite singer, Rosita Rodríguez. It should consist of ten (10) sentences which convey the following information.

1. Rosita is from Key West.

2. Her family used to work on a fishing boat.

3. Apparently she has a beautiful voice.

4. When she was twenty she chose on a career in show business.

5. She made her debut at the "Casino Cuba."

6. Rosita developed a beautiful style based on Latin music.

7. People stand in line to buy tickets for her concerts.

8. Above all, she is very popular with young people.

9. Often we visit her in her dressing room after the concerts.

10. Finally, after five years, Rosita is a star.

Diálogo

Complete el diálogo lógicamente con oraciones o preguntas.

Fernando habla con Pedro sobre sus planes para sus vacaciones en la Florida.

FERNANDO: ¡Al fin y al cabo voy a visitar un balneario en la Florida!

PEDRO: _____

FERNANDO: Espero ir a Cayo Hueso el mes que viene.

PEDRO: _____

FERNANDO: Mi tío José tiene una barca pesquera allí.

PEDRO: _____

FERNANDO: Podemos acabar por visitar a amigos en la colonia cubana de Miami.

PEDRO: _____

FERNANDO: Si me acompañas, podemos compartir los gastos del viaje en automóvil.

PEDRO: _____

Conversations

For each of the themes listed below, hold a conversation with a classmate or your teacher. Each conversation should consist of six (6) relevant utterances on the part of each participant. Avoid yes/no responses, restatements of what has previously been said, and socializing utterances not relevant to the theme. After both themes have been done, you may wish to reverse roles and repeat them.

1. A tells B about a visit to his uncle and aunt who live in Florida. A begins the conversation.
2. B tells A about going to a singer's dressing room after a concert. B begins the conversation.

Description and Dialog

1. Based on the story, describe the picture on page 81. (Minimum: ten [10] sentences)

2. Prepare a dialog between the man and the woman pictured on page 81. Assume that they are Ricardo's parents. Each participant should provide at least five (5) utterances.

Spanish In Action

> ***Miami*** — El Club Kiwanis de la Pequeña Habana extiende una cordial invitación a la comunidad cubana y a todos en general al Festival Musical de la Calle 8, que tendrá lugar este domingo, 8 de marzo. El festival comenzará a las 12:00 del mediodía y se extenderá hasta las 7:00 de la noche en el área entre la esquina sudoeste de la Avenida 17 y Calle 8. Este año se espera la asistencia de más de un millón de personas.

This item is for people interested in

1. buying Cuban sugar.
2. fishing in Cuba.
3. establishing an international business.
4. Cuban culture.

Translate the above for a friend who does not know Spanish.

Comprehension Cues

In Spanish, we often encounter a "double negative," as in the title of the story: *Salir sin nada* (literally, "to leave without nothing"). In English, we cannot use a double negative; thus, **sin nada** must be translated as *without anything*.

Express the following sentences in English.

1. Juan no tiene nada.
2. María no baila nunca.
3. Enrique no tiene ni lápiz ni pluma.
4. Pedro no baila tampoco.
5. Gloria no visita a nadie.

Portofolio

Prepare a report for your class on the life of José Martí. Include in your presentation his famous poem XXXIX from *Versos sencillos*: "Cultivo una rosa blanca." Prepare copies in Spanish and English for your classmates.

10

Los hispanos

More than ten percent of the people in the United States are Hispanics. They trace their ancestry to a part of the world where Spanish is the commonly used language. Most have their roots in Spanish America. Large numbers are from Mexico, Cuba, the Dominican Republic, Central America, and the northern part of South America. Puerto Rico is a special case since those born on the island are citizens of the United States. Many Hispanics in the United States prefer the term "Latino." Hispanics have settled throughout the country, many preferring the large cities like New York, Miami, and Los Angeles. When they first arrive in this country, they tend to live together in their own neighborhoods or "barrios"; but like other immigrant groups assimilate with the general population as time goes on.

The barrios have their unique Hispanic character; with signs in Spanish, restaurants serving **comidas criollas** (typical Spanish-American food), newspapers, magazines, and movies in Spanish. Music shops add a distinctive ethnic beat, and social clubs and community organizations foster a spirit of pride and community.

Spanish has become an important means of communication throughout our country. Television networks and many radio stations present programs for the Hispanic community. In many areas, communication on an everyday basis has become bilingual—from advertisements and signs to instructions for bank automatic teller machines.

While the Hispanics' pride in their cultural roots has remained strong, they have made tremendous strides as a group and as individuals in mainstream society. They excel in fields like government, professions, business, sports, and entertainment.

The presence of Hispanics in our country has been a tremendous asset to its growth and progress. It is no wonder then that Spanish is considered the most important second language in the United States. A person like you, who has a knowledge of Spanish, has great cultural, social, and career advantages in America today.

La fantasía del barrio

Alberto Gómez was a wealthy man who had risen from poverty to become one of the most generous men in New York's Hispanic community. What was the valuable lesson he learned as a youngster, which enabled him to succeed?

Modismos

a ver *let's see*	**por completo** *completely*
al contado *(for) cash*	**pronunciar un discurso** *to make a speech*
no obstante *nevertheless*	**servir para** *to be good for*

Vocabulario

agasajar *to entertain splendidly*	**ganancias** f. pl. *profits, earnings*
bienestar m. *welfare*	**jarabe** m. *syrup*
bodega f. *grocery store*	**lechón** m. *suckling pig*
camión m. *truck*	**mediante** *by means of*
charco m. *puddle*	**piña colada** f. *drink made with pineapple juice and coconut milk*
combo m. *small band of musicians*	
derretirse *to melt*	**piragua** f. *flavored ice cone ("ices")*
encintado m. *curb*	**propósito** m. *purpose*
fomentar *to promote, to develop*	**vecindario** m. *neighborhood*
freno m. *brake*	

Nueva York es una ciudad grande y fascinante. Sus habitantes reflejan las culturas de todo el mundo. Un grupo étnico de gran importancia son los hispanos, que forman gran parte de la población de la ciudad. La cultura hispana se encuentra en todas partes de esta metrópoli—en sus periódicos,

sus programas de televisión, sus tiendas, sus restaurantes y también en sus museos y escuelas. Al igual que los demás grupos étnicos existentes en Nueva York, los hispanos se concentran por lo general en varios barrios.

Cierto día hace poco tiempo había una fiesta en uno de estos barrios hispanos. El motivo de la celebración era la inauguración de un nuevo centro cívico y social para la comunidad hispana. El centro se llamaría la Casa Rubén Darío, en honor del gran poeta nicaragüense. Tendría como propósito fomentar el bienestar de los habitantes del barrio mediante la educación y los servicios sociales. Para agasajar a los presentes, había platos típicos como lechón asado, frutas tropicales y piña colada. Además, un combo latino tocaba los últimos ritmos mientras unos bailaban y otros escuchaban.

Llegó la hora de dedicar el centro, y varios representantes del gobierno pronunciaron discursos. Finalmente le tocó hablar a Alberto Gómez. Era el comerciante más rico del barrio, y había contribuido gran parte de los fondos para la construcción del centro. Comenzó dando las gracias a todos los que habían ayudado a realizar el proyecto. Explicó cómo éste iba a servirle a la comunidad entera, y añadió que quería compartir con los jóvenes presentes algo que había aprendido hacía mucho tiempo. Les dijo:

«Nací en la ciudad de Nueva York hace cincuenta años. Mi padre era venezolano y mi madre nicaragüense. Ellos vinieron a los Estados Unidos buscando una vida mejor. La familia consistía en siete personas: mis padres, mis tres hermanos, mi abuela y yo. Los tiempos eran difíciles, y todos teníamos que trabajar mucho para mantenernos.

Un día de verano muy caluroso, estaba yo de pie delante de la bodega donde mi padre trabajaba, cuando un camión cargado de hielo pasó por la calle. El chofer tuvo que frenar súbitamente, y un gran bloque de hielo cayó a la calle. El vehículo siguió su camino, y yo me senté en el encintado cerca del bloque de hielo para pensar en cómo podría usar este tesoro que la suerte me había dado.

Con el hielo era posible preparar piraguas usando varios jarabes que había en la tienda. Las vendería y con el dinero compraría helado al contado. Vendería el helado y compraría dulces con las ganancias. La venta de los dulces me daría bastante dinero para alquilar un puesto para vender más. Después, tendría mi propia tienda, y finalmente sería dueño de una fábrica de dulces: la más hermosa de toda la ciudad.

Toda mi familia gozaría de una vida de lujo. Llegaría a ser el hombre más rico del barrio, y quizás hasta alcalde de la ciudad. Cuando hiciera calor, iría a nadar a la playa en mi automóvil. Y mientras pensaba en la playa, sentí que tenía los pies mojados... Resulta que durante mi fantasía, el bloque de hielo se había derretido, y me encontré sentado junto a un charco de agua.

Desde aquel momento aprendí una lección que me ha sido de gran valor durante toda la vida: los planes solos no sirven para nada; hay que combinarlos con el trabajo para tener éxito en este mundo.»

EJERCICIOS

Selección

Escoja la expresión que complete la frase correctamente.

1. Había (un incendio, un robo, una fiesta, mucha tristeza) en el barrio.
2. La comunidad iba a inaugurar (un nuevo centro cívico, otra escuela, un parque pintoresco, tres iglesias).
3. Rubén Darío era un poeta (cubano, mejicano, nicaragüense, dominicano).
4. Durante la fiesta había (óperas, refrescos, juegos, películas) en el barrio.
5. El combo (estudiaba, tocaba música, oraba, servía refrescos).

¿Cierto o falso?

Si la frase es cierta, repítala; si es falsa, corríjala en español.

1. Un representante del gobierno les habló a los presentes.
2. Alberto Gómez era médico.
3. Alberto Gómez contribuyó mucho para la construcción del centro.
4. El señor Gómez llegó a Nueva York cuando era joven.
5. El tío vino con el resto de la familia.

Para completar

Complete las siguientes frases basándose en la historia.

1. Alberto estaba de pie, delante de _____.

2. Un camión cargado de hielo pasó _____.

3. Cuando el chofer aplicó los frenos, _____ cayó a la calle.

4. El joven creía que podría preparar unas _____.

5. Durante la fantasía de Alberto, el bloque de hielo se había _____.

Para contestar

Responda a las preguntas en frases completas.

1. ¿En qué aspectos de la vida de Nueva York se nota la cultura hispana?

2. ¿Cómo se llaman los vecindarios donde hay una gran concentración de hispanos?

3. ¿Cuáles son algunos de los platos típicos hispanos?

4. ¿Cómo había ayudado Alberto Gómez en la construcción de la Casa Rubén Darío?

5. ¿De dónde eran los padres de Alberto Gómez?

6. ¿Qué cayó de un camión un día?

7. Según las fantasías de Alberto, ¿qué llegaría a ser él?

8. ¿Qué aprendió Alberto cuando se encontró sentado frente a un charco de agua?

9. ¿Qué aspecto de la cultura hispana le interesa más a Ud.?

10. ¿A dónde puede ir Ud. si quiere visitar una comunidad hispana?

Composition

Write a composition in Spanish about a trip to "el barrio" in your recently purchased car. The composition should consist of ten (10) sentences which convey the following information.

1. Last summer you worked in a grocery store.

2. With the money that you earned you bought a car for cash.

3. It is old but the brakes are excellent.

4. The car is good for visiting the city.

5. You went to a party in "el barrio" where they entertained the guests splendidly.

6. The purpose of the party was to celebrate the birthday of your friend Manuel.

7. There was a small band of musicians who played Latin-American music.

8. They served suckling pig and many refreshments.

9. Manuel's uncle made a speech about his nephew.

10. You returned home very late; nevertheless, you went to school on the following day.

Diálogo

Complete el diálogo lógicamente con oraciones o preguntas.

Carlos y Elena hablan de una fiesta en el club panamericano de su escuela.

CARLOS: Creo que muchas personas del vecindario asistirán a nuestra fiesta.

ELENA: _____

CARLOS: Podemos comprar frutas para la fiesta en la bodega.

ELENA: _____

CARLOS: El lechón asado sería un plato muy popular.

ELENA: _____

CARLOS: Después podemos beber piña colada.

ELENA: _____

CARLOS: Sin duda, nuestra fiesta fomentará interés en la cultura hispana.

ELENA: _____

Conversations

For each of the themes listed below, hold a conversation with a classmate or your teacher. Each conversation should consist of six (6) relevant utterances on the part of each participant. Avoid yes/no responses, restatements of what has previously been said, and socializing utterances not relevant to the theme. After both themes have been done, you may wish to reverse roles and repeat them.

1. A describes to B a party that he/she attended at the house of a Hispanic family. A begins the conversation.

2. B invites A to visit a nearby "barrio" to enjoy Hispanic culture.

Description and Dialog

1. Based on the story, write a description in Spanish of the illustration on page 89. Assume that you are present at the ceremony at the Casa Rubén Darío. (Minimum: ten [10] sentences)

2. Write a dialog between yourself and the man pictured on page 89. Discuss the ceremony and its importance. Each participant should provide at least five (5) utterances.

Spanish In Action

Nueva York – Esta semana, los niños y adultos residentes en los proyectos de vivienda pública de la ciudad de Nueva York, podrán ser vacunados sin costo alguno. Este programa de vacunación será auspiciado por el Consejo de Nueva York, la Autoridad de Vivienda (NYCHA) y el Departamento de Salud de los EE.UU. El programa espera combatir las enfermedades contagiosas en las personas de nuestra comunidad.

This article describes

1. a sporting event.
2. a health service for the community.
3. an opportunity for new employment.
4. regulations for immigration.

Translate the above for a friend who does not know Spanish.

Comprehension Cues

Accent marks not only indicate which syllable is stressed, they sometimes change the meaning of a word. We know, for example, that dropping the accent on **práctica—practica—** changes the meaning of the word from *practice* to *he/she practices* or *you* (**Ud.**) *practice.* The following list contains words that change meaning when written with an accent. Can you give the meanings of the words in each pair?

1. de   dé
2. estudio   estudió
3. explico   explicó
4. hablo   habló
5. se   sé
6. si   sí
7. tomo   tomó

Portfolio

Prepare an exhibit showing examples of how Spanish is used in our daily life. Remember to discuss Spanish influence on government publications, advertisements, and communications in general.

Review

A. Exprese las siguientes frases en inglés.

1. Juan merece el premio.

2. Por último el avión llegó dos horas tarde.

3. Manolete fue un torero sobresaliente.

4. Los vegetales son una buena fuente de vitaminas.

5. Los porteños comen mucha carne de res.

6. Mi abuelo llevaba un clavel en el ojal de su chaqueta.

7. Carlos nunca engaña a sus amigos.

8. Ana quiere quedarse con la sortija.

9. Usará la escafandra autónoma para encontrar el barco hundido.

10. La semana pasada se desencadenó una furiosa tempestad.

11. El capitán envió un mensaje pidiendo socorro.

12. Este asunto es muy importante.

13. El avaro desheredó a su sobrino.

14. Al parecer, la lección es fácil.

15. Al fin y al cabo terminaron el trabajo.

16. Cayo Hueso está bastante cerca de Cuba.

17. El actor está en su camerino.

18. Es muy difícil tener éxito en la farándula.

19. Vamos a comer lechón en el restaurante.

20. El mecánico va a inspeccionar los frenos de mi coche.

21. Durante el verano se venden piraguas.

22. Me gusta poner jarabe de fresas sobre mi helado.

23. Generalmente tomo piña colada cuando hace calor.

24. A ver, ¿dónde está mi pluma?

25. Algún día Uds. se darán cuenta de que Juan es una buena persona.

B. Reorganice las palabras para formar frases completas.

1. españoles / muy / son / los / orgullosos
2. rey / palacio / corona / dejó / el / su / el / en
3. compró / oro / María / sortija / de / una
4. al / detuvo / tren / junto / el / se / andén
5. mucho / este / tiene / estanciero / dinero
6. aquel / Bárbara / de / es / el / calvo / hombre / abuelo
7. de / olas / tiburón / vio / entre / las / un / se / aleta / la
8. leones / escudo / el / del / duque / dos / tiene
9. en / cafetal / el / campesinos / trabajan / muchos
10. en / pianista / el / se / Madrid / estrenó
11. en / el / se / Clara / miró / espejo
12. puerto / siete / a / sale / las / barca / del / pesquera / la
13. la / completo / el / casa / destruyó / huracán / por
14. junto / coche / Juan / encintado / su /estacionó / su / al
15. hielo / cuando / se / hace / derrite / calor / el
16. dinero / mucho / gana / trabajo / mediante / Rosa
17. de / está / Carlos / yate / el / puerto / el / en
18. equivoca / parecer / al / se / Juan
19. un / despedida / triste / la / momento / es
20. aleja / puente / del / se / tren / el

C. Traduzca al español las expresiones entre paréntesis.

1. Si Ud. (*are mistaken*) hay que admitirlo.
2. El periódico publicó su carta en el (*advice column*).
3. El profesor (*pays attention*) a los estudiantes.
4. Leo mucho, (*therefore*) recibo buenas notas.
5. Si continúa la tormenta, la barca (*will sink*).
6. Haga Ud. lo necesario, (*by all means*).
7. Juan lleva el paquete sobre el (*shoulder*).
8. (*Above all*), debemos completar el ejercicio.

9. Está enfermo (*nevertheless*) sigue trabajando.

10. María recibe un (*salary*) muy grande.

11. Juan (*ended by*) comprar los libros.

12. Yo siempre (*notice*) lo que pasa en casa

13. Juan es rico; (*on the other hand*), no gasta mucho dinero.

14. (*At that time*) los caballeros montaban a caballo.

15. Cuando Juan ve un nuevo coche de lujo, él siempre (*says to himself*): «¡Debe de costar muchísimo!»

16. Juan (*sticks out*) el brazo a la ventanilla.

17. Los (*lovelorn*) escriben cartas interesantes.

18. La (*plain*) ocupa gran parte de la Argentina.

19. El hombre usa un (*dagger*) para protegerse en el bosque.

20. Mi tía Adela es muy (*sympathetic*).

21. María (*in her turn*) tocó el piano.

22. El director de la escuela (*gave a speech*).

23. El gobierno trata de (*promote*) la economía del país.

24. Juan depositó todas sus (*earnings*) en el banco.

25. ¿Cuál es el (*purpose*) de esta máquina?

D. Conteste en frases completas.

1. ¿Con qué sueña Ud.?

2. ¿Por qué van los estudiantes al salón de actos?

3. ¿Dónde nacieron sus antepasados?

4. ¿Quién es el presidente actual de los Estados Unidos?

5. ¿Cómo debemos cambiar nuestras escuelas?

6. ¿Cómo puede el estudiante aprender a fondo el vocabulario?

7. ¿Adónde va Ud. para ver películas?

8. ¿Cómo se lo agradece Ud. a sus padres cuando recibe un regalo?

9. ¿Cómo es el vecindario donde vive Ud.?

10. ¿Qué dice Ud. cuando Ud. está a punto de salir?

11. Mencione un estado de los Estados Unidos famoso por su ganado.

12. ¿Qué producto se hace con el trigo?

13. ¿Cuándo hace Ud. las tareas escolares?

14. ¿Qué pasa cuando un tiburón se acerca a la playa?

15. ¿Quién se hace cargo de la clase cuando el profesor está ausente?

16. ¿Por qué se enoja el profesor?

17. ¿Cómo se aprovecha Ud. del programa de actividades de su escuela?

18. ¿Dónde puede Ud. comprar ejemplos de artesanía latinoamericana?

19. ¿Quiénes son los herederos de su padre?

20. ¿Con quién comparte Ud. sus dulces?

21. ¿Cuándo tienen que hacer cola los que van al cine?

22. ¿Qué dice Ud. si una amiga está sollozando?

23. ¿Por qué huyen algunas personas de cierto países?

24. ¿Cómo puede Ud. desarrollar buena pronunciación en español?

25. ¿Qué se vende en una bodega?

26. ¿Para qué sirve un diccionario?

27. ¿Qué necesita Ud. para comprar un coche al contado?

28. ¿Dónde hay muchos camiones?

29. ¿Qué prepara Ud. para agasajar a sus amigos?

30. ¿Qué tiempo hace cuando se ven charcos en la acera?

Simón Bolívar

The "George Washington of South America"

Bolivia is a landlocked country of mountains and rain forests in South America. It has two capitals: Sucre, the legal capital, and La Paz, the actual seat of the government.

Bolivia is named after Simón Bolívar, who founded that nation in 1825 and wrote its first constitution. Bolívar is called **el Libertador** (the Liberator) in tribute to his leadership in the wars of independence that ended Spanish rule in South America. He commanded the rebel forces that defeated the armies of Spain in the northern part of the continent, and liberated the territories of five future republics: Bolivia, Columbia, Ecuador, Peru, and Venezuela.

Simón Bolívar was born in Caracas, Venezuela, in 1783. His parents were wealthy Creoles (descendants of Spanish colonists). Like other sons of Creole families, he was sent to Spain to complete his education. It was during a tour of Europe that he decided to dedicate himself to the cause of freedom for the Spanish colonies. Shortly after he returned to Venezuela, in 1810, he became a prominent leader in the struggle to free the continent from Spanish domination.

Simón Bolívar was a brilliant general, but his military career included defeats as well as victories. In 1814, the tide of battle turned against him, and he fled to the island of Jamaica. He then sought refuge in the republic of Haiti, where he recruited a new army. His decisive victory over the Spanish occurred 10 years later at the battle of Ayacucho in Peru.

Bolívar served as president of the **República de la Gran Colombia**, which lasted only ten years. The country disintegrated after the secession of Venezuela, Colombia, and Ecuador, which became independent republics. Panama, once a part of Colombia, seceded from that country in 1903. For a time, Bolívar was also chief-of-state of Peru and Bolivia.

Bolívar is the father of Pan-Americanism, a movement inspired by his vision of a united Spanish America. In 1826, he called a conference in Panama of all the former Spanish colonies. The conference did not achieve the unity he had dreamed of, but it sparked a trend toward increasing cooperation among the sister republics, which eventually led to the founding of the Pan-American Union in 1906, a forerunner of the Organization of American States (OAS).

With his health broken by the strains of constant warfare and political strife, Bolívar died in poverty in 1830. He is still revered today throughout South America, as the greatest of Spanish-American heroes.

Una sonrisa inolvidable

When Don Francisco died, his legacy to the family consisted of pleasant memories and a portrait of himself. What else did he leave to help them during troubled times?

Modismos

cosa de *about, approximately*	**ponerse en camino** *to set out*
dar con *to come upon*	**tener en cuenta** *to bear in mind*
guardar cama *to stay in bed*	**tropezar con** *to stumble upon, come*
lo más pronto posible *as soon as possible*	*across*

Vocabulario

ahorros m. pl. *savings*	**indicio** m. *evidence*
arruga f. *wrinkle*	**indígena** m. & f. *native*
balsa f. *raft, boat*	**lunar** m. *mole*
cabecera f. *bedside*	**mejilla** f. *cheek*
cavar *to dig*	**orilla** f. *shore*
colgar *to hang*	**pala** f. *shovel*
cuna f. *cradle*	**precolombino, -a** *pre-Columbian* (before
dibujar *to sketch, draw*	Columbus)

Entre Perú y Bolivia se encuentra el lago Titicaca, una de las maravillas de la naturaleza. A una altura de unos cuatro kilómetros (dos millas y media) y con cosa de doscientos kilómetros (ciento veinticuatro millas) de largo, forma parte de la frontera entre estas dos naciones andinas. En una de sus islas, la Isla del Sol, hay indicios de la existencia de una sociedad muy antigua, que algunos creen ser la cuna de la civilización incaica.

En Bolivia se nota todavía la influencia precolombina. Gran parte de la población pertenece a varias tribus indígenas. Muchos de ellos hablan todavía una lengua indígena y llevan pintorescos trajes típicos.

En una pequeña casa cerca de la orilla del lago Titicaca vivían los Serrano, una humilde familia india de pescadores. Eran cuatro personas: Julio, su esposa Raquel, su hijo Martín y don Francisco, el padre de Julio. Un día, la pareja y su hijo se encontraban a la cabecera de don Francisco porque el anciano estaba muy enfermo. Tenía ochenta años; había trabajado mucho, pero siempre había tenido una actitud alegre hacia la vida. En efecto, don Francisco era famoso por su optimismo. El anciano le habló así a su familia:

—Sé que me queda muy poco tiempo, pero antes de morir quisiera dejarles algo. Debajo de la cama hay un retrato de mí que mandé hacer hace poco. Cuando yo ya no esté aquí, cuélguenlo en la cocina lo más pronto posible; y cuando haya problemas, piensen en mí.

Don Francisco murió poco después. Julio colgó en la pared el retrato de la cara feliz de su padre.

Pasaron los años y Martín se fue para la ciudad en busca de mejores oportunidades económicas. Julio seguía de pescador, y de esta manera ganaba bastante para vivir y mantener a Raquel.

Un día, al bajar de su balsa, Julio tropezó con un roca y se rompió una pierna. Llamaron al médico, quien le dijo que tendría que guardar cama por dos meses. Después de seis semanas, él y su esposa ya habían gastado sus pocos ahorros, y no les quedaba nada que comer en casa. Julio estaba descansando en la cocina y pensando en las últimas palabras de su padre. Empezaba a fijar la mirada en el retrato del viejo cuando gritó con emoción:

—Raquel, ven acá y tráeme el retrato de papá. Quiero examinarlo de cerca. Observé algo curioso.

Julio había notado una rosa muy pequeña en la mejilla de su padre. Estudió el retrato con cuidado durante unos minutos. Examinó las líneas de la boca y los labios que formaban una sonrisa, las arrugas de las mejillas y un lunar. Todo esto formaba un mapa que Julio reconoció en seguida. Dijo con entusiasmo:

—Raquel, toma la pala, ponte en camino y sigue la senda hasta el arroyo. Allí a la derecha hay una roca grande, y a la izquierda está el rosal que papá plantó hace muchos años. Si cavas debajo de ese rosal, creo que darás con algo interesante.

Raquel salió de la casa a toda prisa, teniendo todo lo que su esposo le había dicho y regresó en media hora, cansada pero muy contenta, porque en la mano llevaba un saco de monedas de oro.

EJERCICIOS

Selección

Escoja la expresión que complete la frase correctamente.

1. Los Serrano eran una familia de (comerciantes, cazadores, pescadores, labradores).
2. El padre de Julio se llamaba don (Martín, Juan, Julio, Francisco).
3. El anciano estaba (ausente, contento, solo, ocupado).
4. Don Francisco era (rico, optimista, pesimista, joven).
5. El abuelo mandó a pintar (un baúl, la casa, la barca, un retrato).

¿Cierto o falso?

Si la frase es cierta, repítala; si es falsa corríjala en español.

1. Había que poner el retrato de don Francisco en la sala.
2. Según don Francisco, la familia debía en pensar en él cuando hubiera problemas.
3. Los Serrano colgaron el retrato en la pared.
4. Martín se quedó a trabajar en el campo.
5. Julio seguía de cazador.

Para completar

Complete las siguientes frases basándose en la historia.

1. Un día Julio se rompió _____.
2. Según el médico, el pescador tendría que _____ por dos meses.
3. Los ahorros de la familia duraron _____.
4. Julio pensaba en _____.
5. Encontraron dinero usando el _____ del abuelo.

Para contestar

Responda a las preguntas en frases completas.

1. ¿Qué lago forma parte de la frontera entre el Perú y Bolivia?
2. ¿Dónde vivían los Serrano?
3. ¿Quién era don Francisco?
4. ¿Qué le dejó don Francisco a su familia?
5. ¿Cómo se rompió la pierna Julio?
6. ¿Qué problema tuvieron los Serrano luego de la muerte de don Francisco?
7. ¿Qué observó Julio en el retrato de su padre?
8. ¿Con qué regresó Raquel a la casa poco después?
9. ¿Qué había hecho el abuelo para ayudar a la familia con sus problemas?
10. ¿Qué le gustaría a Ud. heredar?

Composition

Write a composition about a trip that you wish to take to a nearby lake. It should consist of ten (10) sentences which convey the following information.

1. You and your friend wish to go to the lake as soon as possible.
2. Generally on Saturdays you stay in bed until 9:00 AM.
3. However, you have to set out at 7:00 AM.
4. The distance to the lake is about forty miles.
5. You have to bear in mind that the road is bad.
6. If you don't come across problems you will arrive at 8:30.
7. You are going to rent a boat.
8. You will be near the shore because your friend doesn't swim well.
9. Your friend is an artist who wants to sketch and you are going to fish.
10. In the afternoon you will use your shovel to dig in order to find objects (**objetos**) from a native tribe that used to live near the lake.

Diálogo

Complete el diálogo lógicamente con oraciones o preguntas.

Carlos habla con su hermana Elena sobre un regalo de cumpleaños para su padre.

CARLOS: Tenemos que usar parte de nuestros ahorros para comprar un regalo para papá.

ELENA: _____

CARLOS: Mi amigo José dibuja muy bien. ¿Qué te parece regalarle a papá un retrato de mamá?

ELENA: _____

CARLOS: Al hacer el retrato, José podría quitarle a mamá algunas arrugas de las mejillas.

ELENA: _____

CARLOS: ¿Dónde podemos colgar el retrato?

ELENA: _____

CARLOS: Ten en cuenta que su cumpleaños cae la semana próxima.

ELENA: _____

Conversations

For each of the themes listed below, hold a conversation with a classmate or your teacher. Each conversation should consist of six (6) relevant utterances on the part of each participant. Avoid yes/no responses, restatements of what has previously been said, and socializing utterances not relevant to the theme. After both themes have been done, you may wish to reverse roles and repeat them.

1. A invites B to spend the day at a nearby lake and they discuss possible activities. A begins the conversation.

2. B and A discuss a field trip taken with a class to a site of the remains of Native American village. B begins the conversation.

Description and Dialog

1. Based on the story, write a description of the picture on page 102. Be sure to talk about the facial expressions of the two people. (Minimum: [10] sentences)

2. Prepare a dialog between Julio and Raquel, as they are shown on page 102. Each participant should provide at least five (5) utterances.

Spanish In Action

El Lago Titicaca es el lago más grande de Sudamérica y también el lago navegable más alto del mundo. Este famoso lago, a noventa minutos de La Paz, era un lugar sagrado para los Incas, quienes creían provenir de él.

The lake described here is unique because of its
1. strange fish.
2. high altitude.
3. thermal currents.
4. mineral deposits.

Translate the article for a friend who does not know Spanish.

Comprehension Cues

In Spanish, we use the definite article (*the*, in English) with nouns used in an abstract or general sense. For example: "**una actitud alegre hacia** *la* **vida.**" Usually, the definite article in these cases is omitted in the English translation.

Give the English equivalent for the following sentences:
1. Hoy día *el* café cuesta mucho.
2. Para los españoles *el* honor es muy importante.
3. *La* historia es una materia fascinante.
4. *La* justicia es la responsabilidad de la corte.
5. *La* televisión es el pasatiempo favorito de muchos.

Portfolio

Prepare a time line chart on the life and accomplishments of Simon Bolívar. Illustrate important events in his life.

12

Moorish Spain

In the year 711 C.E., the Moors invaded Spain. That year marked the beginning of a fascinating period—an era that saw the rise of an advanced Arabic civilization on Spanish soil. In 711, Spain was not a unified country, but a group of Christian kingdoms disrupted by political conflicts. Taking advantage of the Christian disunity, the Moors crossed the Strait of Gibraltar from the African shore and quickly overran almost all of the Iberian Peninsula.

In 718, a Moorish army in northern Spain was routed by Christians led by the Asturian king Pelayo. This event is regarded as the first important Christian victory in the struggle called the **Reconquista** (Reconquest),

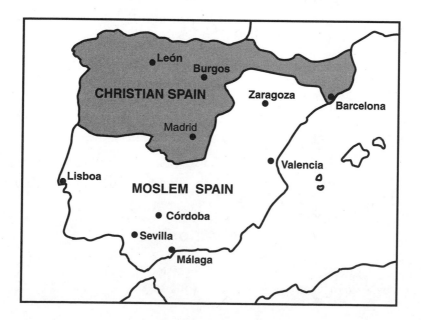

which lasted roughly 700 years and gradually drove the Moslems from Spain. The final act of the reconquest occurred in 1492, when Granada—the last Moorish stronghold—surrendered to the Catholic monarchs Fernando and Isabel.

The **Reconquista** was not a continuous struggle, but rather one interrupted by peaceful interludes. During their occupation, the Moors established their refined culture of wealth and elegance far superior to that of feudal Europe. The library of the Caliph of Cordoba contained almost half a million volumes at a time when most Europeans were illiterate. Moorish scholarship enjoyed great prestige during the Middle Ages. The Moors were renowned for their achievements in medicine, chemistry, mathematics, and agriculture. They were also famous for their exquisitely beautiful architecture—some outstanding examples of which are the **Alhambra** in Granada, the **Giralda** Tower in Seville, and the imposing **Mezquita** (Mosque) in Cordoba, with its 850 marble columns.

Seven centuries of Moorish civilization have left many traces in Spanish culture. The Spanish language contains many words of Arabic origin—many of them beginning with **"al"**—like **alcalde** (mayor), **algodón** (cotton), and **alcázar** (fortress, palace). Another expression of Arabic origin is **ojalá** (I wish!, I hope that . . . ; literally, "would to Allah that . . ."). The Flamenco music of the Spanish gypsies is believed to be of Arabic origin. The Moorish legacy to modern Spain also includes an efficient irrigation system still used on Spanish farms and the great plantations of olive and fruit trees that contribute so much to the Spanish economy.

El encanto de la Alhambra

Carmen was very enthusiastic about her work as a guide in the Alhambra, the famous Moorish palace. That's why she was annoyed when a young man paid little attention to her lecture. Was he rude, or was there something on his mind?

Modismos

a propósito *by the way*	**ni siquiera** *not even*
caer en la cuenta *to catch on*	**¿qué hay?** *what's the matter?*

Vocabulario

alcanzar *to attain*
arco de herradura m. *horseshoe arch*
charla f. *talk, chat, informal lecture*
charlar *to chat*
chiste m. *joke*
comodidad f. *comfort;* (pl.) *conveniences*
conquista f. *conquest*
cueva f. *cave*

distraído, -a *absentminded*
gitano, -a *Gypsy*
manso, -a *tame*
nivel m. *level*
predilecto, -a *favorite*
quejarse *to complain*
veraniego, -a *summer* (adj.)

Andalucía, la región del sur de España, revela claramente la influencia de los moros. Se dice que Granada es la ciudad más bella de Andalucía. Situada al pie de la pintoresca Sierra Nevada, Granada es un centro importante que goza de un agradable clima semitropical y de una gran variedad de cosas que ver. Allí se encuentran el famoso Albaicín, un barrio donde los gitanos viven en cuevas con comodidades modernas; la imponente Catedral, que contiene las tumbas de los reyes Fernando e Isabel; los exquisitos jardines del Generalife, palacio veraniego de los reyes moros; y, sobre todo, la Alhambra. Este bello palacio muestra claramente el alto nivel de cultura que alcanzaron los moros en España. Por eso, la Alhambra es una gran atracción turística.

* * * *

Un día, un grupo de turistas hacía una visita al famoso palacio. Su guía era Carmen, una bonita joven de grandes ojos negros. Ella trabajaba de guía cada verano, cuando estaba de vacaciones; el resto del año asistía a la universidad, donde se especializaba en el estudio de la civilización mora en España. Sus conocimientos de la historia de la Alhambra se revelaban claramente en la charla entusiasmada que ella les daba a los diez turistas de su grupo.

Mientras pasaban de un salón magnífico a otro, Carmen explicaba los puntos importantes de la arquitectura mora: el uso artístico del arco de herradura y las decoraciones de forma geométrica. La guía narraba algunas de las leyendas sobre el palacio, las cuales le sirvieron de inspiración al famoso escritor norteamericano Washington Irving en su obra «The Alhambra». Carmen le señalaba al grupo los pintorescos patios y las abundantes fuentes.

Casi todos en el grupo prestaban mucha atención a su explicación. Escuchaban con cuidado cada palabra de la señorita y le hacían preguntas

inteligentes. Casi todos, con una excepción: un joven norteamericano seguía al grupo, pero no parecía escuchar lo que Carmen decía. Él tenía una expresión vaga y no se fijaba en las cosas que ella señalaba. Finalmente, llegaron a la última parte de la visita, el Patio de los Leones. La guía explicó que las figuras en el patio, aunque eran leones, parecían muy mansos y amables porque querían que los turistas regresaran algún día.

Con este chiste terminó la visita al palacio. Los miembros del grupo, despidiéndose de Carmen, le dieron las gracias por ser una guía tan encantadora. Muchos le dieron una propina generosa y todos partieron, menos el joven desatento. Carmen, algo enojada por su falta de interés y cortesía, se quejó finalmente:

—Perdón, señor, pero ¿qué hay? Durante toda nuestra visita, Ud. no les ha prestado atención ni a la Alhambra ni a mi explicación. Ud. no ha dicho nada, no ha hecho ni una sola pregunta. ¿Me podría decir por qué?

El joven fijó los ojos en los de Carmen y, después de una larga pausa, contestó tranquilamente:

—Francamente, señorita, me quedé tan encantado por su belleza que no podía pensar en otra cosa. Ni siquiera en este palacio magnífico. A propósito, ¿quiere Ud. cenar conmigo esta noche en mi restaurante predilecto en Granada?

Entonces le tocó a Carmen tener una expresión distraída; pero pronto cayó en la cuenta, y no tardó en responder con una sonrisa alegre:

—Sí, y quizás mañana podamos regresar para visitar juntos la Alhambra y charlar un poquito más.

EJERCICIOS

Selección

Escoja la expresión que complete la frase correctamente.

1. La influencia de los moros se nota más en el (norte, sur, este, oeste) de España.
2. Se cree que Granada es la ciudad más (bella, vieja, montañosa, grande) del sur de España.
3. En el Albaicín viven los (gitanos, ricos, catalanes, vascos).
4. La Alhambra es un (parque, palacio, río, pueblo) de Granada.
5. Había (muchos, tres, diez, cinco) turistas en el grupo de Carmen.

¿Cierto o falso?

Si la frase es cierta, repítala; si es falsa corríjala en español.

1. Carmen narraba algunas leyendas de la Alhambra.
2. Esas leyendas inspiraron al escritor Washington Irving.
3. Las figuras de animales del Patio de los Leones parecían muy feroces.
4. Nadie le dio una propina a la guía.
5. Había un joven desatento en el grupo.

Para completar

Complete las siguientes frases basándose en la historia.

1. Carmen le preguntó al joven por qué él no había prestado _____.
2. El joven norteamericano podía pensar solamente en _____.
3. Él invitó a Carmen a _____ con él.
4. La guía aceptó su _____.
5. Al día siguiente, tal vez pudieran visitar _____.

Para contestar

Responda a las preguntas en frases completas.

1. ¿En qué región de España se revela claramente la influencia de los moros?
2. ¿Dónde está situada la ciudad de Granada?
3. ¿Qué palacio de Granada muestra el alto nivel de cultura de los moros?
4. ¿De qué trabajaba Carmen cada verano?
5. ¿Qué les explicaba Carmen a los turistas?
6. ¿Qué no hizo el joven norteamericano durante la visita a la Alhambra?
7. ¿Cómo explicó el joven su conducta?
8. ¿Qué invitación le hizo el joven a Carmen?

9. ¿Qué le propuso hacer Carmen el día siguiente?

10. ¿Qué le gustaría a Ud. ver en la ciudad de Granada? ¿Por qué?

Composition

Write a composition in Spanish about a visit that a group from your school plans to take to Granada. It should consist of ten (10) sentences which convey the following information.

1. Mr. West, your favorite Spanish teacher, is going to Granada with a group of students of different levels.

2. It is going to be a summer visit.

3. Your friend Michael has only one year of Spanish, but he catches on very quickly.

4. Not even Clara, the best student in your Spanish class, speaks Spanish perfectly; but everyone is going to learn a lot.

5. In Granada the students are going to live in a hotel that has many conveniences, but does not cost a lot.

6. A teacher from Spain will explain the cultural influence of the Moors in Spain and the reconquest of Granada by the Spaniards.

7. One day the group will visit the caves of the gypsies.

8. Mr. West will give a talk about the Alhambra because he knows a lot about the palace.

9. He is a little absent-minded. That is why there is a joke among the students that Mr. West will leave his valise at (**en**) the airport.

10. By the way, you cannot complain about the cost of the trip because it was paid by a scholarship established by the parents' association of your school.

Diálogo

Complete el diálogo lógicamente con oraciones o preguntas.

Luisa habla con un guía sobre la visita que va a hacer a Granada.

LUISA: Mañana espero visitar las cuevas de los gitanos.

EL GUÍA: _____

LUISA: Sería interesante tener la oportunidad de charlar con los gitanos.

EL GUÍA: _____

LUISA: Por la tarde podemos visitar la Alhambra.

EL GUÍA: _____

LUISA: Me interesa la arquitectura mora, especialmente los arcos de herradura.

EL GUÍA: _____

LUISA: Creo que Granada será mi ciudad española predilecta.

EL GUÍA: _____

Conversations

For each of the themes listed below, hold a conversation with a classmate or your teacher. Each conversation should consist of six (6) relevant utterances on the part of each participant. Avoid yes/no responses, restatements of what has previously been said, and socializing utterances not relevant to the theme. After both themes have been done, you may wish to reverse roles and repeat them.

1. A tells B about a city that he/she wishes to visit during the summer. A begins the conversation.

2. B tells A about the contributions of the Moors to Spanish culture. B begins the conversation.

Description and Dialog

1. Based on the story, write a description of at least ten sentences in Spanish of the illustration on page 112. Remember to make reference in your description of the architecture shown. (Minimum: ten[10] sentences)

2. With a classmate, prepare a dialog consisting of five (5) questions that the tourist pictured might ask and the answers that Carmen might give. Present your dialog to the class.

Spanish In Action

Se dice que Granada fue fundada con el nombre de Elibyrge en el siglo V antes de Cristo por los Túrdulos, habitantes antiguos de la región de Andalucía central. Pero sin duda, la época más prominente en el desarrollo de esta ciudad fue la del período de dominación árabe.

La belleza, riqueza y grandiosidad de los palacios, jardines y otras construcciones de influencia árabe han llegado hasta nuestros días y han convertido a Granada en una de las atracciones turísticas más famosas de España.

Granada attracts many tourists because of its

1. beautiful seaport.
2. duty free shops.
3. historic sites.
4. majestic skyscrapers

Translate the above for a friend who does not know Spanish.

Comprehension Cues

Hay (there is, there are) is a common Spanish expression. It comes from the present tense of the verb **haber** and can be used in other tenses as well. The story you've just read contains the sentence: **Hay una gran variedad de cosas.** Can you express it in English?

Express the following sentences in English.

1. Hay muchos alumnos en esta escuela.
2. Mañana habrá una fiesta en el parque.
3. Había poco oro en la mina.
4. Habrá cinco libros en la mesa.
5. Ha habido mucho progreso científico durante nuestra época.

Portfolio

Obtain a copy of *The Alhambra* by Washington Irving. Explain to the class how this famous American writer became interested in Spain. Select one of his tales and report to the class on it.

13

Colombia

....

A Source of Fine Coffee

Colombia produces some of the finest coffee in the world. It is widely enjoyed in the United States. The coffee is grown on plantations in Colombia's highlands. The rich soil and ample rainfall produce a variety of bean famous for its mildness. Coffee beans are found inside red berries that resemble cherries. The berries grow on an evergreen bush that may range in height from 1½ to 4½ meters (from 5 to 15 feet). They emerge from clusters of fragrant white blossoms when the bush is in bloom. The berries are ripe when they turn dark red. After they are picked, the outer part of the berry is separated from the two beans that are inside. During this process, the beans are dried in the sun, sometimes for several weeks. They are then sold.

When the beans arrive at their destination, they are roasted, ground, and blended to suit the taste of the coffee drinking public.

Pago demorado

In Spanish America, rural physicians sometimes receive unusual rewards for their services. Dr. Ortega had treated the daughter of a poor farmer. Why did he wait twenty years before receiving payment?

Modismos

hoy mismo *this very day*	**volver en sí** *to regain one's consciousness*
no sólo... sino también... *not only . . . but also . . .*	

Vocabulario

agradecimiento m. *gratitude*
aliado(-a) *ally*
ángel de la guarda m. *guardian angel*
casucha f. *hut*
demorar *to delay*
desmayado, -a *unconscious*
expediente m. *record, files*
expresivo, -a *warm, effusive*

extranjero m. *abroad*
infundir *to instill*
labrador(-a) *farmer*
litoral m. *coastline*
negarse a *to refuse*
personal m. *staff*
rogar *to beg*

Colombia es la única nación sudamericana con litorales en el Océano Pacífico y el Mar Caribe. Su clima variado atrae a muchos turistas del extranjero. Una de las atracciones principales de Colombia es Bogotá, su hermosa capital y ciudad más grande. Bogotá, conocida como «La Atenas de Sudamérica» por su belleza y su sobresaliente vida cultural, está situada en el interior de Colombia a una altura de 2600 metros (casi dos millas). La universidad nacional fue fundada en 1573 y ocupa hoy una moderna y magnífica ciudad universitaria.

En uno de los grandes hospitales de Bogotá, Jorge Ortega, el famoso doctor y jefe del personal, acababa de dar la primera conferencia de orientación a un grupo de médicos que harían su residencia allí. Los médicos se acercaron con entusiasmo a su distinguido colega para saludarlo personalmente. Entre ellos estaba Marta Gómez, una joven de veinticinco años de edad, hija de una humilde familia de campesinos. Marta se presentó al doctor Ortega y quedó sorprendida cuando, al darle la mano, él le pidió que se quedara. La joven no sabía por qué.

Pocos minutos después, recibió la explicación esperada. El doctor Ortega comenzó diciéndole que había notado en su expediente que Marta había nacido en una pequeña aldea en las montañas cerca de la ciudad de Medellín. Ortega quería saber si su padre había sido labrador en un cafetal. Cuando la joven contestó que sí, el jefe exclamó:

—Hoy mismo recibo yo mi pago demorado. Permítame explicárselo:

«Hace más de veinte años, yo comencé mi carrera de médico, y servía en las montañas de la región cafetalera, donde los pobres labradores necesitaban desesperadamente los servicios de un médico. Un día vino a mi consultorio un labrador, quien me rogó que lo acompañase a su casa porque su hija de dos años estaba inconsciente con una fiebre muy alta.

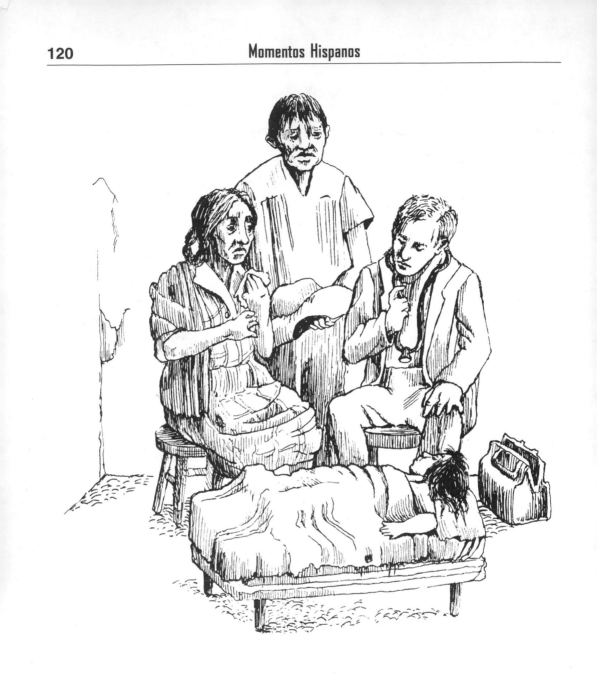

Llegué a su casucha y encontré a la madre en un rincón, llorando al lado
de una niñita que parecía estar gravemente enferma. La examiné y llegué a
la conclusión de que tenía una infección seria. Afortunadamente pude ad-
ministrarle antibióticos, y cuando regresé al día siguiente ya había vuelto en
sí. La mirada tranquila y la expresión alerta de la niña me indicaron que ya
había pasado la crisis, y que la paciente estaría bien dentro de poco.

Después de darme las gracias más expresivas, el padre confesó que era
tan pobre que no tenía bastante dinero para pagarme. Sin embargo, me

ofreció un reloj de oro que había heredado de su padre. Naturalmente, me negué a aceptarlo, y le dije que él podría pagarme contándole a su hija lo que había pasado cuando ésta llegara a la edad de comprenderlo.»

En esto, Marta interrumpió emocionada al doctor Ortega, y le dijo:—Por lo visto es Ud. el ángel de la guarda que me salvó la vida. Mi padre me ha relatado ese incidente muchas veces. Sin duda, el anhelo de hacerme médica a pesar de las dificultades financieras y académicas se debe no sólo al respeto sino también al agradecimiento que mi padre sentía por la profesión. Él me los infundía al narrarme la historia.

—Pues, entonces he recibido verdaderamente mi pago demorado—dijo el doctor Ortega—, porque ahora puedo contar con Ud. como otra aliada en nuestra lucha por fomentar la buena salud de nuestros compatriotas colombianos.

EJERCICIOS

Selección

Escoja la expresión que complete la frase correctamente.

1. Los que asistieron a la conferencia eran (abogados, enfermeras, médicos, comerciantes).
2. Marta Gómez era una persona (humilde, atrevida, rica, vieja).
3. El doctor Ortega le pidió a Marta que (se sentara, se levantara, se fuera, se quedara).
4. Marta había nacido en (una aldea, un pueblo, una ciudad, una isla).
5. El padre de Marta había trabajado en (una fábrica, un cafetal, una tienda, un almacén).

¿Cierto o falso?

Si la frase es cierta, repítala; si es falsa corríjala en español.

1. Marta recibió su pago demorado.
2. Hacía más de veinte años que Ortega era médico.
3. El café colombiano se estima en muchas partes del mundo.

4. La esposa del labrador estaba muriendo.

5. La crisis ya había pasado cuando el médico llegó por segunda vez.

Para completar

Complete las siguientes frases basándose en la historia.

1. El padre era tan pobre que no podía _____ al médico.

2. Se le ofreció _____ al doctor Ortega.

3. El médico le había salvado _____ a la niña.

4. Marta había tenido dificultades _____ y _____ _____ durante sus estudios de medicina.

5. Los médicos querían fomentar la buena salud de todos _____.

Para contestar

Responda a las preguntas en frases completas.

1. ¿Dónde está situada Bogotá?

2. ¿Qué acababa de dar en el hospital el doctor Ortega?

3. ¿Quién era Marta Gómez?

4. ¿Por qué visitó el doctor Ortega a la familia de Marta Gómez?

5. ¿Cómo curó el medico a la niñita enferma?

6. ¿Qué le ofreció el padre de Marta al doctor Ortega?

7. ¿Quién inspiró a Marta en su anhelo de hacerse médica?

8. ¿Como había conseguido el doctor Ortega su pago demorado?

9. ¿Cómo es su médico(-a)?

10. ¿Le gustaría ser médico(-a)? ¿Por qué?

Composition

Write a composition in Spanish about Elena's plans to be a doctor. It should consist of ten (10) sentences which convey the following information.

1. Yesterday Elena saw an unconscious man in the street.

2. He regained consciousness with the help of a doctor.

3. Therefore Elena decided to become a doctor.

4. The staff of our school helps the students to choose a career.

5. This very day she is going to speak with her counselor (**consejero**).

6. Elena's academic record is good and she wants to attend a university (**en el**) abroad.

7. Her uncle, who is a farmer, is her guardian angel because he is going to give her money for her studies.

8. She is a warm person who hopes to promote (the good) health in her country.

9. A doctor not only earns a lot of money, but also receives the gratitude of many people.

10. Elena can't delay her plans because one must study for many years (**para**) to be a doctor.

Diálogo

Complete el diálogo lógicamente con oraciones o preguntas.

Bernardo y Adela discuten la idea de ser labrador.

BERNARDO: Me gustaría ser labrador.

ADELA: _____

BERNARDO: Si no gano bastante dinero, tendré que vivir en una casucha.

ADELA: _____

BERNARDO: La vida al aire libre infunde amor por la naturaleza.

ADELA: _____

BERNARDO: Creo que la gente del campo es muy expresiva.

ADELA: _____

BERNARDO: Los labradores de nuestra patria merecen el agradecimiento de todos.

ADELA: _____

Conversations

For each of the themes listed below, hold a conversation with a classmate or your teacher. Each conversation should consist of six (6) relevant utterances on the part of each participant. Avoid yes/no responses, restatements of what has previously been said, and socializing utterances not relevant to the theme. After both themes have been done, you may wish to reverse roles and repeat them.

1. A discusses with B his/her plans to be a doctor. A begins the conversation.

2. B describes to A what happened when he/she fell off (**caerse de**) his/her bicycle. B begins the conversation.

Description and Dialog

1. Based on the story, write a description in Spanish of the illustration on page 120. (Minimum: ten [10] sentences)

2. Assume that you are Dr. Ortega and your classmate is either the man or the woman pictured on page 120. Prepare a dialog in which you discuss the health of the child in the picture. Each participant should provide at least five (5) utternaces.

Spanish In Action

En una cafetera espresso o eléctrica, eche 2 cucharadas de café por cada taza de agua. (Use agua fría filtrada.) Cuando el café esté listo, remuévalo de la estufa o desconecte la cafetera eléctrica para que el café no hierva. Sírvalo y disfrútelo.

These instructions show you the best way to

1. make delicious pastry.

2. use your telephone.

3. plan a trip.

4. prepare a beverage.

Translate the material above for a friend who does not know Spanish.

Comprehension Cues

In Spanish, the preposition **a** usually means *at* or *to*, but sometimes it has no equivalent in English. Two important examples of an "untranslatable *a*" are:

1. the "personal a," which precedes the direct object of a verb when the object is a person or persons.

   Su clima variado atrae a muchos turistas.

2. The *a* that comes between a verb of beginning/motion/teaching/learning and an infinitive.

   Iban a servir allí.

Express the following sentences in English.

1. Vemos a las señoritas.
2. Los estudiantes empiezan a escribir.
3. Invito a María.
4. Aprendemos a hablar español.
5. Marta y Raquel saludan a su profesora.

Portfolio

Prepare a product map of Spanish America. Indicate in writing and with illustrations the major products which the various countries of Spanish America export to the United States.

14

Venezuela

Land of Doña Bárbara

In Spanish America, there is a time-honored tradition of choosing distin-guished writers to play important roles in politics and diplomacy. Domingo Faustino Sarmiento, the great nineteenth-century essayist, was once presi-dent of Argentina. Rubén Darío, one of the great Spanish-American poets, served as a diplomat for his native Nicaragua and other Spanish-American countries. Miguel Angel Asturias of Guatemala and the poet Pablo Neruda of Chile represented their countries abroad. Juan Bosch, a Dominican writer, served as president of his country. Mario Vargas Llosa, the famous Peruvian writer, ran for the presidency of his country.

An outstanding example of such dual careers is that of novelist Rómulo Gallegos, who was president of Venezuela in 1948. Gallegos is best known for his novel *Doña Bárbara*, a masterpiece of folk description and character study. The main character of the novel is a woman of strong personal magnetism who rises from a miserable childhood to carve out a huge empire in the wild Venezuelan back country. She is a law unto herself, and rules her domain through cruelty and oppression. Her domi-nance is challenged by Santos Luzardo, a man from the city who seeks to reclaim the family estate that Doña Bárbara has stolen. The clash of these powerful forces, one representing personal rule and barbarity, the other law and order, has been an important aspect of the historical de-velopment of Spanish America. In the novel, Santos is finally victorious. Ironically, the rule of law did not prevail in Gallegos's own career: he was ousted form the presidency by the overthrow of his government by an armed group.

Consejo apropiado

Many young people have difficulty in choosing a career. Roberto Vega's father wanted him to be an engineer, but one day his science teacher gave him very different advice. Who was right?

Modismos

dar una conferencia *to give a lecture*
hacer el papel *to play the part*
llevarse bien *to get along*

más vale *it is better (more worth while)*
parecerse a *to resemble, to look like*
por medio de *by means of*

Vocabulario

alzarse *to rise*
apunte m. *note*
carretera f. *highway*
comediante m. & f. *comedian, comic*
condiscípulo(-a) *classmate*
enterrar *to bury*
espantoso, -a *frightful*
estreno m. *premiere*
función f. *performance*

ingeniero(-a) *engineer*
monstruo m. & f. *monster*
obrero(-a) *laborer*
payaso(-a) *clown*
pozo m. *well*
química f. *chemistry*
recordar *to remind*
soler *to be in the habit of, accustomed to*
zanco m. *stilt*

Cuando los exploradores españoles llegaron al norte de Sudamérica, descubrieron una aldea de indios que vivían en un gran lago llamado Maracaibo. Sus chozas estaban construidas sobre zancos. La aldea les recordaba a los conquistadores la ciudad italiana de Venecia, y por eso los españoles nombraron la región *Venezuela,* o sea, «pequeña Venecia».

Hoy día no existen las casas de los indios en el famoso lago. En su lugar se alzan lo que los españoles del pasado habrían considerado grandes y espantosos monstruos: los pozos de petróleo. Venezuela es el primer país de Latinoamérica en la producción del «oro negro», y la prosperidad del país proviene de esta industria. Muchos venezolanos de hoy tienen empleo en la industria como científicos, administradores u obreros.

Caracas, la capital nacional, es la ciudad donde nació el gran libertador Simón Bolívar. La plaza principal de la metrópoli lleva su nombre, y el héroe está enterrado en el famoso Panteón Nacional. Además de

su ambiente colonial, Caracas tiene muchos edificios modernos, magnífi-
cas obras públicas y grandes carreteras—productos de la prosperidad de
la industria petrolera.

Hace varios años, en una escuela de Caracas, un grupo de jóvenes
escuchaba atentamente la conferencia que daba el señor Pescado, el profesor de química. Todos los estudiantes prestaban mucha atención y
tomaban apuntes. Es decir, todos, menos un estudiante llamado Roberto
Vega.

Roberto era el hijo de una familia de la clase media. Su padre era
abogado, y quería que su hijo se hiciera ingeniero para conseguir un puesto
en la industria petrolera, donde había grandes oportunidades para venezolanos calificados. Roberto, en cambio, prefería divertirse en vez de apli-
carse a sus estudios. Por su personalidad encantadora y su sentido del
humor, Roberto era popular con todos—excepto con algunos de sus pro-
fesores, con quienes no se llevaba bien a causa de sus chistes.

El señor Pescado acababa de explicar las propiedades químicas del
aire y su importancia como elemento vital en nuestra vida cuando Roberto
gritó desde la última fila:

—El aire no es necesario para Ud., señor Pescado, porque Ud. puede vivir en el mar.

Al oír esto, toda la clase empezó a reír, y el profesor gritó furioso:

—Señor Vega, salga de la clase enseguida y no regrese nunca. Ud. hace el papel de payaso y no el de científico. No debiera estar aquí. Para Ud., más vale dedicarse a los chistes que a la ciencia.

Roberto salió de la clase y no regresó nunca.

Pasaron los años y, como en nuestro país, la televisión llegó a ser un modo muy popular de entretenimiento en Venezuela. Una noche, el público esperaba con entusiasmo el estreno de un nuevo programa, «La Caravana del Humor». La estrella de la función iba a ser Beto Vega, un joven comediante que se había ganado los aplausos del público en teatros y cabarets por sus chistes divertidos. Finalmente llegó la hora de la función, y los que miraban la televisión en casa vieron a un joven guapo cuyo sentido del humor captaba el entusiasmo del público en todas partes.

Después de la primera serie de chistes, se enfocó la cámara sobre el público que estaba sentado en el estudio de televisión. Entre los que aplaudían con más entusiasmo había un hombre de apariencia muy distinguida. ¡Qué sorpresa tuvieron los antiguos condiscípulos de Roberto Vega cuando vieron al señor Pescado!

EJERCICIOS

Selección

Escoja la expresión que complete la frase correctamente.

1. El lago Maracaibo está en el (norte, sur, este, oeste) del continente sudamericano.

2. Venezuela es el primer país de Latinoamérica en la producción de (petróleo, ganado, trigo, algodón).

3. La ciudad en que nació Bolívar es (Cartagena, Caracas, Medellín, Lima).

4. El señor Pescado era profesor de (física, química, biología, astronomía).

5. Roberto Vega (estaba atento, tomaba apuntes, no prestaba atención, escuchaba música) cuando el profesor le hablaba a la clase.

¿Cierto o falso?

Si la frase es cierta, repítala; si es falsa, corríjala en español.

1. La familia de Roberto era rica.
2. El padre de Roberto era médico.
3. La industria petrolera ofrecía grandes oportunidades para venezolanos calificados.
4. A Roberto le gustaba estudiar.
5. El señor Pescado explicaba las propiedades químicas del aire.

Para completar

Complete las siguientes frases basándose en la historia.

1. Según el chiste de Roberto, el señor Pescado podía vivir en _____.
2. Al oír las palabras de Roberto, toda _____ empezó a reír.
3. _____ era un modo de entretenimiento muy popular en Venezuela.
4. La estrella del programa de televisión iba a ser _____.
5. Entre los que aplaudían con más entusiasmo estaba _____.

Para contestar

Responda a las preguntas en frases completas.

1. ¿Cómo se llama el famoso lago de Venezuela?
2. ¿Cómo cs Caracas?
3. Describa la personalidad de Roberto.
4. ¿Qué estaba explicando el señor Pescado en su clase?
5. ¿Cómo interrumpió Roberto la clase?
6. ¿Qué le aconsejó el profesor a Roberto?
7. ¿En qué programa de televisión iba a aparecer Roberto?
8. ¿Quién aplaudía con entusiasmo en el estudio de televisión?

9. ¿Qué pasa por lo general cuando Ud. cuenta un chiste en una clase?

10. ¿Cuál es su programa de televisión favorito? ¿Por qué?

Composition

Write a composition in Spanish about your friend Ricardo Moreno. It should consist of ten (10) sentences conveying the following information.

1. Ricardo gets along well with his classmates.

2. He is very handsome and resembles a movie star (**estrella de cine**).

3. His favorite subject is (**la**) chemistry.

4. When the teacher gives a lecture, he takes many notes.

5. Ricardo wants to be (an) engineer and hopes to build (**construir**) highways some day.

6. By means of much effort he usually receives excellent grades (**notas**) in the class.

7. Ricardo is also the comedian of the class.

8. He will play the part of Sancho in the comedy that the class will present.

9. There will be five performances and the premiere will take place next week.

10. Ricardo says that it is more frightful to be a clown than to take a difficult exam.

Diálogo

Complete el diálogo lógicamente con oraciones o preguntas.

Dos jóvenes hablan de sus planes para sus carreras. Pablo quiere ser ingeniero.

PABLO: Algún día espero ser ingeniero.

ROSA: _____

PABLO: Siempre me ha gustado la idea de construir carreteras.

ROSA: _____

PABLO: Durante el verano, voy a trabajar como mecánico.

ROSA: _____

PABLO: ¿Puedo ver los apuntes que has tomado en la clase de
        química este semestre?

ROSA: _____

PABLO: Un condiscípulo me dice que en el futuro habrá muchas
        oportunidades para ingenieros en Latinoamérica.

ROSA: _____

Conversations

For each of the themes listed below, hold a conversation with a classmate
or your teacher. Each conversation should consist of six (6) relevant utterances on the part of each participant. Avoid yes/no responses, restatements
of what has previously been said, and socializing utterances not relevant to
the theme. After both themes have been done, you may wish to reverse
roles and repeat them.

1. A discusses with B their favorite teachers. A begins the conversation.

2. B describes to A the most popular student in the class. B begins the
   conversation

Description and Dialog

1. Based on the story, write a description in Spanish of the illustration on
   page 128. (Minimum: ten[10] sentences)

2. Prepare a dialog between the two students on the right on page 128, in
   which they discuss what is happening between the teacher and the
   other student in the picture. Each participant should provide at least
   five (5) utterances.

Spanish In Action

La ciudad de Caracas descansa en una serie de valles a una altura de casi 1000 metros. Su clima es fresco y húmedo, con una temperatura promedio de veintitrés grados centígrados. Caracas ofrece atracciones especiales como playas fabulosas, entretenidos clubes nocturnos y magníficos campos de golf. Por otro lado, si Ud. desea asistir a espectáculos artísticos u otras actividades culturales, el Teatro Teresa Carreño es una excelente alternativa.

This selection encourages a tourist to visit Caracas because of its

1. colorful gypsy quarter.
2. Roman ruins.
3. opportunities for leisure activities.
4. bargains in leather goods.

Translate the material above for a friend who does not know Spanish.

Comprehension Cues

The Spanish suffix **-ero** (feminine: **-era***)* often denotes occupation or profession. Can you translate the following words into English?

1. ingeniero
2. torero
3. enfermero
4. carnicero
5. panadero
6. cartero
7. marinero
8. carpintero
9. plomero
10. bombero

Two other common suffixes of this type are **-ista** *(m. & f.)*, as in **artista**, and **-dor** (feminine: *dora)*, as in **cantador** or **cantadora.** Watch for them.

Portfolio

Prepare a series of tourist posters for Venezuela showing points of interest such as Caracas, Angel Falls (**El Salto del Ángel**), Lake Maracaibo, and Margarita Island.

15

Paraguay

Land of "El Supremo"

José Gaspar Rodríguez Francia, dictator of Paraguay from 1814 till his death in 1840, is one of the most interesting figures in Spanish-American history. His subjects called him "El Supremo." He was born in Asunción in 1766 and studied law and philosophy as a young man. In 1811, he participated in Paraguay's successful independence war against Spain. His reign was tyrannical but enlightened. He brutally suppressed all opposition but fostered the development of modern methods of agriculture and stimulated the growth of local industry. To make Paraguay economically self-sufficient, he strictly forbade all contact with the outside world. A French botanist who crossed the border into Paraguay was arrested and imprisoned for ten years for the offense.

"El Supremo" apparently established an unfortunate precedent, since Paraguay was ruled by dictatorships for many years. Yet it was the iron-fisted government of Rodríguez Francia that enabled Paraguay to preserve its independence when confronted with the threat of annexation by larger countries like Brazil and Argentina.

Fortunately, the country finally did turn away from military rule to elective government. This change promises a brighter future for Paraguay.

La cura dura

Modern science strives to make our lives as pleasant as possible. An anthropologist learned of a village in the back country of Paraguay in which everyone was happy. What did his visit to Aldea Alegre reveal?

Modismos

alguna vez *some time*	**en un abrir y cerrar de ojos** *in the twin-*
de repente *suddenly*	*kling of an eye, in an instant*
dejar caer *to drop*	**tener ganas de** *to feel like, have the de-*
	sire to

Vocabulario

algodón m. *cotton*	**guaraní** m. *Paraguayan coin*
asustar *to frighten*	**humo** m. *smoke*
cobrar *to collect*	**maquinaria** f. *machinery*
cuñado m. *brother-in-law*	**olor** m. *odor*
curandero(-a) *folk healer, herbalist*	**porvenir** m. *future*
desventaja f. *disadvantage*	**recurso** m. *resource*
encaje m. *lace*	**semejante** *similar*
ganadería f. *cattle-raising*	**unir** *to connect*

Asunción, capital del Paraguay, es el puerto principal de un país sin costa de mar. El Río Paraguay une la capital con el Atlántico, y muchos buques hacen el viaje de 1500 kilómetros, llevando cargas y pasajeros.

La nación tiene buenos recursos económicos: la ganadería; la producción de algodón; una madera resistente y valiosa llamada «quebracho» y el cultivo de yerba mate, un tipo de té muy popular en el sur del continente.

De importancia también es la influencia de los indios guaraníes, que viven en el interior del país y hablan todavía su propia lengua. Conservan ciertos aspectos interesantes de su cultura indígena. Por ejemplo, producen un tipo de encaje bien conocido llamado «ñandutí».

Un día, apareció en un periódico de Asunción un artículo escrito por un viajero que acababa de regresar de las regiones interiores del país. Mencionó una pequeña aldea en que todo el mundo parecía alegre. En efecto, el lugar se llamaba Aldea Alegre. Según el artículo, los habitantes sufrían las tragedias normales de la existencia, tales como la enfermedad y la muerte, pero no se preocupaban mucho por los menores problemas de la vida—por las cosas que les causan ansiedad a los que viven en sitios más cosmopolitas.

Por casualidad, estaba en Asunción un distinguido antropólogo argentino, el doctor Luis Vegas, quien tenía ganas de visitar a unos primos

suyos que vivían en la capital. Fascinado por el artículo, decidió visitar la aldea para averiguar el secreto de su existencia feliz. Después de un viaje largo y difícil por auto y luego en burro, el Dr. Vegas llegó por fin a Aldea Alegre. La primera persona con quien tropezó era un anciano, quien le explicó al científico por qué su comunidad se llamaba Aldea Alegre:

—Aquí no existe la tristeza. Cuando un aldeano se siente triste sin motivo aparente, visita a don Félix, nuestro curandero.

Y el viejo partió sin decirle más. Luis Vegas, lleno de curiosidad, le preguntó a otros aldeanos sobre el asunto, y cada vez recibió una contestación semejante. Finalmente, le preguntó a una señorita:—¿Dónde vive el famoso don Félix?

Ella le señaló una casita al margen de la aldea y le dijo:—Los que quieren visitar a don Félix tienen que estar allí a las diez en punto de la mañana.

Al día siguiente, el antropólogo llegó a tiempo a la humilde casa de don Félix, y vio que ya había cuatro pacientes en la sala de espera. Estaban sentados en un largo banco de madera. Cada uno llevaba una expresión muy triste. Pronto apareció una anciana que le cobró a cada paciente unos guaraníes, que echó en una caja. Al fin entró don Félix, un hombre bajo y flaco que parecía tener casi noventa años. Hizo un gesto, y uno de los cuatro pacientes, un hombre bien vestido, lo siguió a otra habitación. Se cerró la puerta y hubo unos minutos de silencio.

De repente se oyeron unos gritos terribles, unos ruidos fuertes de maquinaria, y finalmente vino de la habitación un olor a humo. Dos minutos mis tarde se abrió la puerta y apareció don Félix, quien preguntó con una sonrisa:

—¿A quién le toca ahora?

Las tres personas, completamente asustadas por lo que acababa de pasar, se miraron nerviosamente y respondieron así:

—Ya me siento mejor, don Félix.

—Mi tristeza acaba de desaparecer.

—Ahora todo es alegría para mí.

Y repitieron juntos:—Gracias, don Félix, por habernos curado.

Y con esto salieron de la casa en un abrir y cerrar de ojos.

Se quedó solamente el Dr. Vegas, quien le explicó a don Félix el motivo de su visita. También le dijo que había entendido el método que empleaba para «curar» a sus pacientes. Finalmente le dijo:

—Hay solamente una cosa que no entiendo. ¿Qué le pasó al primer hombre?

Don Félix contestó con una sonrisa:—Ese hombre es mi cuñado Pedro. Salió por otra puerta, y ya ha vuelto a la aldea vecina donde vive. Regresará mañana cuando venga otro grupo de pacientes. Naturalmente, será el primero.

EJERCICIOS

Selección

Escoja la expresión que complete la frase correctamente.

1. El Paraguay es un país sin (ríos, montañas, valles, costa de mar).
2. La yerba mate se usa para hacer un tipo de (madera, bebida, comida, pasatiempo).
3. Los guaraníes (viven en el Paraguay, han construido grandes ciudades, son ricos, amaban a los españoles, hablan francés).
4. Ñandutí es un tipo de (metal, algodón, quebracho, encaje).
5. «Aldea Alegre» se mencionó en (una revista, un periódico, una novela, una película).

¿Cierto o falso?

Si la frase es cierta, repítala; si es falsa corríjala en español.

1. Luis Vegas era un distinguido médico.
2. Los primos vivían en la capital.
3. El curandero del lugar se llamaba don Félix.
4. El antropólogo encontró a dos personas en la sala de espera.
5. Los pacientes que esperaban oyeron gritos y olieron humo.

Para completar

Complete las siguientes frases basándose en la historia.

1. Las tres personas quedaron _____ por lo que acababa de pasar.
2. El Dr. Vegas le explicó el motivo de su visita a _____.
3. El Dr. Vegas no _____ una cosa.
4. La primera persona que entró fue el _____ de don Félix.
5. Este hombre iba a _____ al día siguiente.

Para contestar

Responda a las preguntas en frases completas.

1. ¿Cuál es la capital del Paraguay?
2. ¿Cómo se llama la aldea mencionada en el periódico?
3. ¿Qué quería averiguar el doctor Vegas en la aldea?
4. ¿Quién era don Félix?
5. ¿Cómo se sentían las personas que visitaban a don Félix?
6. ¿En la sala de espera, qué le dieron los pacientes a la anciana?
7. Mientras los pacientes esperaban, ¿qué venía de la otra habitación?
8. ¿Cómo reaccionaron ellos?
9. ¿Quién era en realidad el primer paciente?
10. ¿Qué hace Ud. cuando se siente triste?

Composition

Write a composition in Spanish about going to the movies. It should consist of ten (10) sentences conveying the following information.

1. Yesterday you felt like going to the movies.
2. They are showing (**dan**) a picture about a folk healer from South America.
3. He works with an American doctor to assure a future of good health for his village.
4. On the street you suddenly saw a man who was collecting money in order to help the sick.
5. You dropped five dollars into the little box that he had.
6. He disappeared in an instant and you realized that you didn't have enough money to go to the movies.
7. Five minutes later you met your brother-in-law in the street.
8. He works in a store where they sell lace and he earns a lot of money.
9. It didn't frighten you to ask (request) and he gave you money for the movies.
10. It's true that a family is an excellent resource.

Diálogo

Complete el diálogo lógicamente con oraciones o preguntas.

Jorge y Elena discuten las ventajas de la vida del campo y las de la vida de la ciudad.

JORGE: En el futuro, espero vivir en el campo porque lo prefiero a la ciudad.

ELENA: _____

JORGE: Me interesa la ganadería, y creo que los vaqueros tienen una vida magnífica.

ELENA: _____

JORGE: Me molestan mucho el humo en el aire y el ruido de la maquinaria que se encuentran en la ciudad.

ELENA: _____

JORGE: El tráfico en la ciudad asusta a muchas personas.

ELENA: _____

JORGE: Dime, ¿qué desventajas ves en la vida del campo?

ELENA: _____

Conversations

For each of the themes listed below, hold a conversation with a classmate or your teacher. Each conversation should consist of six (6) relevant utterances on the part of each participant. Avoid yes/no responses, restatements of what has previously been said, and socializing utterances not relevant to the theme. After both themes have been done, you may wish to reverse roles and repeat them.

1. A tells B why he/she is sad and B tries to cheer A up. A begins the conversation.

2. B discusses with A on the meaning of happiness. B begins the conversation.

Description and Dialog

1. Based on the story, write a description in Spanish of the illustration on page 137. Be sure to comment on the expression on the face of the man wearing the hat. (Minimum: [10] sentences)

2. Assume that the man wearing the hat has returned home. Prepare a dialog between him and a member of his family in which he related his experiences at don Felix's house. Each participant should provide at least five (5) utterances.

Spanish In Action

1. Llene la calabaza con ¾ partes de yerba mate.

2. Coloque la mano o un pedazo de papel en la boca de la calabaza y agítelo suavemente boca abajo.

3. Coloque la calabaza nuevamente en su posición normal y vierta un poco de agua caliente (70° C) cerca del borde.

4. Déjelo reposar por tres minutos y añada agua caliente (pero no demasiada).

5. Tape la boca de la bombilla con el pulgar, metiéndola en la calabaza y apoyándola contra el borde de la misma (no sobre el mate).

6. Ahora usted está listo para saborear la bebida.

These instructions can best be carried out in

1. a darkroom.

2. a kitchen.

3. an elevator.

4. a taxi.

Translate the material above for a friend who does not know Spanish.

Comprehension Cues

Spanish adjectives are often used as nouns. We saw an example of this in "La cura dura":

La primera persona con quien tropezó fue un *anciano* (an *old man*).

Here is another example:

Miró las dos faldas y compró *la larga*.
She looked at the two skirts and bought the long one.

Notice that English adjectives are sometimes used in the same way:

The rich and the poor live in different neighborhoods.
Los ricos y **los pobres viven en barrios distintos.**

Translate the expressions in italics:

1. El médico ayuda a *los enfermos.*

2. Conozco a muchos *ricos.*

3. *El sabio* estudia mucho.

4. Vemos a pocos *pobres.*

5. *El exigente* bebe el café.

6. Tengo dos abrigos y prefiero *el azul.*

7. *La española* es la muchacha más bella.

8. *Los pobres* muchas veces tienen hambre.

9. Tengo dos libros; *el más pequeño* cuesta más.

10. *Los valientes* no tienen miedo.

Portfolio

Prepare a report on two important products of Paraguay, **yerba mate** and **ñandutí**. Illustrate it with pictures or if possible, examples of each. Be sure to show the unique way in which **yerba mate** is drunk.

Review

A. Exprese las siguientes frases en inglés.

1. La pluma cuesta cosa de cinco dólares.

2. El médico se acercó a la cabecera del paciente.

3. De repente alguien cerró la puerta.

4. Su novia tiene un lunar junto a la boca.

5. El artista dibuja muy bien.

6. Siempre beso a mi abuela en la mejilla.

7. A propósito, ¿dónde está tu hermano?

8. Los cursos veraniegos son siempre agradables.

9. El profesor Gómez es bastante distraído.

10. Es difícil alcanzar todas nuestras ambiciones.

11. El arco de herradura es típico de la arquitectura mora.

12. Gasté tanto dinero que no me queda ni siquiera un dólar.

13. Después del accidente, el hombre volvió en sí.

14. El litoral de nuestro estado es muy bello.

15. La película trata de infundir sentimientos patrióticos.

16. Necesitan un pasaporte porque van a pasar dos semanas en el extranjero.

17. Juan no sólo llegó a tiempo, sino también fue el primero en llegar.

18. El personal de la escuela siempre se interesa por los estudiantes.

19. Mi amigo y yo nos llevamos bien.

20. Tendrán que construir la casa sobre zancos.

21. Más vale leer el libro que ver la película.

22. Para obtener agua usamos un pozo.

23. Juan quiere estudiar para ingeniero.

24. El terremoto fue un evento espantoso.

25. El tren pasó en un abrir y cerrar de ojos.

26. Este método tiene muchas desventajas.

27. Voy a comprar una camisa de algodón.

28. La cesta cuesta muchos guaraníes.

29. El ruido asustó a los niños.

30. En el consultorio del médico la enfermera cobra el dinero.

B. Reorganice las palabras para formar frases completas.

1. primos / dimos / con / el / en / parque / nuestros

2. usan / río / cruzar / para / balsa / el / una

3. pala / campesino / el / la / usa

4. su / inteligente / cayó / amigo / la / en / cuenta / inmediatamente

5. son / los / buenos / profesor / chistes / del

6. en / los / cuevas / gitanos / viven

7. escribir / carta / mismo / tengo / hoy / que / la

8. una / campesino / vive / casucha / el pobre / en

9. muy / prima / una / mi / persona / es / expresiva

10. del / Juan / hará / papel / la / héroe / comedia / el / en

11. va / hueso / el /enterrar / a / perro / el

12. muy / el / de / profesor / química / es / simpático

13. debe / España / a / vez / Ud. / viajar / alguna

14. de / la / mañana / para / encaje / un / compró / mantel / fiesta

15. en / maquinaria / hay / mucha / la / fábrica

16. muy / la / bella / indígena / es / artesanía

17. hotel / muchas / este / comodidades / tiene

18. muchas / el / horas / trabaja / labrador

19. las / función / ocho / comienza / la / a

20. problemas / el / de humo / salud / causa

C. Traduzca al español las expresiones entre paréntesis.

1. Tratemos de llegar (*as soon as possible*).

2. Va a (*hang*) el cuadro en su dormitorio.

3. El anciano tiene muchas (*wrinkles*) en la cara.

4. Se debe (*dig*) para encontrar el tesoro.

5. Todos están callados; ¿(*what's the matter*)?

6. A causa de la lluvia, el (*level*) del lago ha subido.

7. La distancia a la ciudad es (*approximately*) cincuenta kilómetros.

8. El muchacho que ganó una beca expresó su (*gratitude*) mediante una carta.

9. Mi (*brother-in-law*) vive en Buenos Aires.

10. María (*dropped*) la pluma.

11. (*The folk healer*) preparará una medicina muy fuerte.

12. Nuestra patria tiene muchos (*resources*) naturales.

13. Ganó la lotería (*by means of*) su buena suerte.

14. La nieve (*will delay*) la llegada del tren.

15. El perro de María es muy (*tame*).

16. Caterina quiere (*to become*) médica.

17. Ellos (*refuse*) ir al cine.

18. Cuando nuestro profesor (*gives a lecture*) todos escuchan bien.

19. Las bellas montañas (*rise*) a lo lejos.

20. El (*comedian*) es una persona simpática.

21. Muchos (*workers*) trabajan en la fábrica.

22. En el circo, el (*clown*) es mi favorito.

23. Mi amigo me (*reminds*) que debo completar que debo completar la tarea.

24. Nosotros (*are accustomed*) ir al parque.

25. Esta corbata es (*similar*) a la otra.

D. Conteste las preguntas en frases completas.

1. ¿Cuándo se pone Ud. en camino para la escuela?

2. ¿Qué tienen en cuenta los estudiantes durante un examen?

3. ¿Quién duerme en una cuna?

4. ¿Dónde están sus ahorros?

5. ¿Cuándo guarda Ud. cama durante el día?

6. ¿Qué hay en la orilla del mar?

7. ¿Dónde viven los labradores?

8. ¿Quién dirigió la conquista del Perú?

9. Cuando tiene una charla con su mamá, ¿qué discuten Uds.?

10. ¿Quién es su actor predilecto?

11. ¿Con quién charla Ud. en la cafetería?

12. ¿Quiénes son los gitanos?

13. ¿Qué nación es el aliado más importante de los Estados Unidos?

14. ¿Cómo desea pasar Ud. sus vacaciones en el extranjero?

15. ¿Quién es su ángel de la guarda?

16. ¿Cómo podemos fomentar la amistad entre las naciones?

17. ¿Qué hace Ud. al ver a una persona desmayada?

18. ¿Cómo es su expediente académico?

19. ¿A quién se parece Ud.?

20. ¿Cuándo usamos una carretera?

21. ¿Dónde viven sus condiscípulos?

22. ¿Por qué son populares las películas de monstruos?

23. ¿Dónde escribe Ud. los apuntes que toma en la clase?

24. ¿ Adónde vamos para ver el estreno de un drama?

25. ¿Qué tiene ganas de hacer Ud. este fin de semana?

26. ¿En qué parte de los Estados Unidos es importante la ganadería?

27. Mencione una fruta de olor agradable.

28. ¿Cómo se prepara Ud. para el futuro?

29. ¿Al tropezar con la cartera de otra persona, qué hace Ud.?

30. ¿Dónde está el canal que une el Océano Atlántico con el Océano Pacífico?

16

Uruguay

Land of Progress

Uruguay, the smallest Hispanic nation in South America, was the first country in the Western Hemisphere to develop a comprehensive program of social legislation. Under the two administrations of José Batlle y Ordóñez, who was president of Uruguay from 1903 to 1907 and from 1911 to 1915, a program of reform was established that provided for a minimum wage, pension plans for all citizens, collective bargaining between labor and management, an eight-hour workday, public housing, free medical treatment, and free education through the university level. Many other countries of the hemisphere were to follow Uruguay's example in subsequent years.

Uruguay is about the size of the state of Missouri. Because of its small size and its location—wedged between Argentina and Brazil, which contended for control of the area—the country has had a turbulent history. Two parties, the **Blancos** (conservative) and the **Colorados** (liberal), vied for power during the nineteenth century. The government of Batlle y Ordóñez ushered in a long-desired period of stability and reform.

The population is almost entirely of European descent, and cattle-raising is one of the main sources of revenue. Montevideo, the capital, was permanently settled in 1726. It is separated from its sister city, Buenos Aires, by the Río de la Plata. Today, Montevideo is a beautiful cosmopolitan city famous for its lovely beaches.

El mejor regalo de todos

Most children in the Spanish-speaking world receive their Christmas gifts on the sixth of January. Alfredo, a child in Uruguay, was heartbroken when the Three Wise Men did not bring him a present. But his sorrow turned to joy when his parents appeared with the most precious gift of all. What was it?

Modismos

así como	*as well as*	**llevarse un chasco**	*to be disappointed*
de rodillas	*on (to) one's knees*	**no hay remedio**	*it can't be helped*

Vocabulario

acontecimiento m.	*event*	**paja** f.	*straw*
Belén	*Bethlehem*	**patín** m.	*skate*
contador m.	*accountant*	**portátil**	*portable*
frigorífico m.	*cold-storage plant*	**sollozo** m.	*sob*
inquieto, -a	*uneasy*	**víspera** f.	*eve*
manta f.	*blanket*	**zaguán** m.	*vestibule*

Para un niño, el mundo es un sitio grande y misterioso. Algunas veces ofrece momentos de alegría, así como ocasiones bastante tristes. También está lleno de sorpresas.

Alfredo, un chico de ocho años, era el único hijo de Rafael y María Carmona. La familia vivía en Montevideo, capital del Uruguay, la más pequeña de las naciones hispanas de Sudamérica. Rafael era contador en una compañía que exportaba carne de res, y trabajaba en un frigorífico cerca del puerto de la ciudad. Los Carmona tenían una casa muy cómoda. Juanita, una criada que había servido a la familia durante muchos años, cuidaba a Alfredo.

Era enero, un mes de verano en el Uruguay. El niño estaba solo en su cuarto, mirando por la ventana. Esperaba la vuelta de sus padres. Alfredo sentía que algo nuevo iba a ocurrir. En esta época del año, la familia Carmona solía pasar unos días en el Balneario de Canasca—¡cuánto le gustaba al niño jugar en la playa magnífica!—pero este año se quedaría en casa. ¿Por qué? Le parecía a Alfredo que ciertas cosas extrañas pasaban ahora en casa. Su mamá había salido hacía tres días y no había regresado. Su padre volvía de vez en cuando con una expresión inquieta. Cada vez que se abría la puerta, el niño esperaba ver entrar a su madre, y cada vez se llevaba un chasco.

Cuando su padre hablaba por teléfono, Alfredo oía palabras como «hospital» y «anestésico», pero no sabía lo que querían decir. La tristeza causada por la ausencia de su madre le era aun más dolorosa porque ya era la época de Navidad.

Finalmente llegó el día tan esperado por los niños del mundo hispánico: el seis de enero. La víspera de la fiesta, siguiendo los consejos de Juanita, Alfredo había puesto una cajita con paja en el balcón de su casa. Según la tradición, la paja era para los camellos de los tres Reyes Magos que viajaban a Belén para darle regalos al Niño Jesús.

Muy temprano por la mañana, Alfredo fue al balcón y encontró la cajita llena de dulces. Después del desayuno, el chico se apresuró a salir para compartir sus dulces con los amiguitos que vivían en la vecindad. Pero dentro de poco, regresó a casa con los ojos llenos de lágrimas.

—¿Qué te pasa, niño?—le preguntó Juanita.

—Yo no tengo más que dulces, pero Juan ha recibido una bicicleta, y Antonio tiene patines y Pedro un radio portátil—contestó el chico.

Y la desilusión causada por la falta de un regalo le trajo pensamientos aún más tristes.

—¿Y dónde están mamá y papá?—gritó el niño entre sollozos.

La criada estaba a punto de contestar cuando oyeron abrir la puerta de la casa. Alfredo corrió al zaguán para encontrar allí a sus padres. En vez de saludarlos, las primeras palabras del chico fueron:

—Todos los otros niños han recibido buenos regalos, pero para mí los Reyes no dejaron más que unos dulces.

Rafael y María quedaron tan sorprendidos por lo que había dicho el hijo, que callaron durante algunos momentos. Finalmente, María dijo tiernamente:

—Ven acá, hijito. No hay remedio; debemos decírtelo todo ahora mismo. Quiero abrazarte y mostrarte lo que te han traído los Reyes.

Y el padre se inclinó para que Alfredo viera de cerca lo que llevaba en brazos. Era un bulto cubierto casi completamente en una manta, pero se podía ver la cara preciosa de un bebé.

—Ésta es tu hermana Mercedes—dijo María.

Y Alfredo, cayendo de rodillas, exclamó con toda la inocencia de los niños:

—Yo sabía que los Reyes no me olvidarían. Éste es el mejor regalo de todos.

EJERCICIOS

Selección

Escoja la expresión que complete la frase correctamente.

1. Alfredo es un chico de (ocho, cinco, cuatro, siete) años.
2. El Uruguay es el país hispano más (grande, montañoso, llano, pequeño) de Sudamérica.
3. Rafael era el (padre, hermano, amigo, primo) de Alberto.
4. Durante el mes de enero, la familia pasaba unos días en (las montañas, Buenos Aires, Europa, la playa).
5. Cosas (tristes, extrañas, ordinarias, cómicas) pasaban en casa.

¿Cierto o falso?

Si la frase es cierta, repítala; si es falsa corríjala en español.

1. Alfredo nunca se llevaba un chasco.
2. Era la época de Navidad.
3. El seis de enero es importante para los niños del mundo hispano.
4. Juan había recibido patines.
5. Los pensamientos de Alfredo eran tristes.

Para completar

Complete las siguientes frases, basándose en la historia.

1. Alfredo encontró a sus padres en el _____.
2. Los Reyes dejaron _____ para Alfredo.
3. Los padres fueron _____ por las palabras de Alfredo.
4. En la manta estaba un _____.
5. La hermana de Alfredo se llamaba _____.

Para contestar

Responda a las preguntas en frases completas.

1. ¿Cómo es el mundo para un niño?
2. ¿Dónde vivía la familia de Alfredo?
3. ¿Qué esperaba Alfredo?
4. ¿Cuánto tiempo hacía que la madre de Alfredo había salido?
5. ¿Qué palabras desconocidas oyó Alfredo cuando su padre hablaba por teléfono?
6. ¿Cuándo cae el Día de los Reyes?
7. ¿De qué estaba llena la cajita de Alfredo?
8. ¿Quiénes entraron en la casa finalmente?
9. ¿Cuál era el mejor regalo de todos?
10. ¿Qué regalo espera recibir Ud.?

Composition

Write a composition in Spanish about a gift that your friend Ricardo received. It should consist of ten (10) sentences which convey the following information.

1. Yesterday we celebrated an important event.
2. It was Ricardo's birthday as well as the first day of our vacation (**vacaciones**).
3. When I entered his house, Ricardo was on his knees in the vestibule.
4. He was uneasy because he couldn't assemble (**ensamblar**) a bicycle that he had received.
5. It was a gift from his uncle, who is an accountant.
6. Ricardo had also received skates from his parents.
7. He was disappointed because it was necessary to take the bicycle to the store.
8. He said, "It can't be helped, I will have to wait until tomorrow."
9. Then he showed me a straw hat that he received from his sister.
10. Ricardo was very happy when he saw the portable radio that I gave him.

Diálogo

Complete el diálogo lógicamente con oraciones o preguntas.

Carlos discute con María sus planes para las vacaciones.

CARLOS: Este verano mi primo Enrique así como yo vamos pasar una semana en un balneario.

MARÍA: _____

CARLOS: Es un sitio popular y estábamos inquietos hasta encontrar una habitación en un hotel cerca del mar.

MARÍA: _____

CARLOS: Enrique estudia para contador y es muy inteligente.
MARÍA: _____

CARLOS: ¿Puedes prestarme tu radio portátil? Me gusta escuchar la música en la playa.

MARÍA: _____

CARLOS: Nos llevaremos un chasco si no puedes pasar un día con nosotros.

MARÍA: _____

Conversations

For each of the themes listed below, hold a conversation with a classmate or your teacher. Each conversation should consist of six (6) relevant utterances on the part of each participant. Avoid yes/no responses, restatements of what has previously been said, and socializing utterances not relevant to the theme. After both themes have been done, you may wish to reverse roles and repeat them.

1. A tells B about his/her brother or sister. A begins the conversation.
2. B tells A about a gift that he/she would like to receive, and how it will be used. B begins the conversation.

Description and Dialog

1. Based on the story, write a description in Spanish of the illustration on page 150. (Minimum: ten [10] sentences)

2. Write a conversation between Alfredo, his mother, and his father, discussing what is illustrated on page 150. Each participant should provide at least five (5) utterances.

Spanish In Action

A principios del siglo XX, la militancia en los dos partidos rivales del Uruguay dejó de ser una cuestión de viejas lealtades. El Partido Blanco siguió la línea conservadora y atrajo principalmente a la población rural y a los miembros del clérigo; el Partido Colorado siguió la línea liberal y propuso legislación social progresista. Entre 1911 y 1915, durante la presidencia del progresista José Batlle y Ordóñez, legislación social fue promulgada y Uruguay pronto se convirtió en la nación más progresista de Sudamérica.

According to this selection, Uruguay is notable for its

1. Native-American civilizations.

2. laws for the welfare of its citizens.

3. naval battles.

4. gold rush.

Comprehension Cues

Possession is generally expressed in Spanish by using the definite article (*the* in English) if the thing "possessed" is a *garment* or a *part of the body* and its possessor is the same person as the subject of the verb:

Me pongo *el abrigo*.   *I put on my coat.*
Se lava *la cara*.   *She washes her face.*

If the possessor and the subject of the verb are not the same person, the possessive adjective is used:

Me pongo tu abrigo.   *I put on your coat.*
Ella encontró mi sombrero.   *She found my hat.*

The noun becomes plural only if each person normally owns more than one:

Nos ponemos *el abrigo*.   *We put on our coats.*

But:

Nos ponemos *los guantes*.   *We put on our gloves.*

Express the following sentences in English.

1. Alfredo regresó a casa con los ojos llenos de lágrimas.
2. Juan dejó el impermeable en casa.
3. Los niños se quitan los zapatos.
4. María va a lavarse las manos.
5. Pedro se quemó el dedo.
6. Todos los hombres se pondrán el sombrero.
7. María tenía frío, y por eso Juan le prestó su chaqueta; María se puso su chaqueta aunque era demasiado grande.

Portfolio

Prepare an illustrated report for your class on Christmastime customs in the Spanish-speaking world. Be sure to include "El Día de los Reyes Magos" and the Mexican celebration known as "Las Posadas."

The Quetzal

Symbol of Guatemala

One of the wall paintings discovered in an ancient Mayan temple shows a Mayan priest being dressed by his servants. The crowning glory of his costume is a headdress made from the beautiful feathers of the quetzal bird, which inhabits the forests of Mexico and Central America. The quetzal, with its striking golden-green plumage, was considered a sacred creature by the Mayas, and only priests and important noblemen were allowed to wear its feathers.

Today, the quetzal is the national bird of Guatemala. Its image appears on coins and postage stamps, and its name is used in the national currency: the monetary unit of Guatemala is the quetzal.

The bird is an appropriate symbol of Guatemala, for it recalls the grandeur of a bygone culture, and its brilliant colors remind one of the country's natural beauty. And since the quetzal does not thrive in captivity, it has also become a symbol of freedom.

Mi amigo el ladrón

A young man breaks into a struggling sculptor's studio, intent on stealing whatever he can. Years later, the sculptor feels grateful to his intruder. What strange twist of fate made the thief responsible for his victim's success?

Modismos

en el extranjero *abroad*	**estar conforme** *to agree*
entrevistarse con alguien *to interview* someone	**servir de** *to serve as*
	tener afición a *to like*

Vocabulario

alfarería f. *pottery*	**florecer** *to flourish*
cárcel f. *jail*	**ladrón(-ona)** *thief*
corresponsal m. & f. *correspondent* (media)	**periodista** m. & f. *journalist*
culpa f. *guilt*	**rasgo** m. *feature, characteristic*
delito m. *crime*	**saltar** *to jump*
destacarse *to excel*	**subyugar** *to overpower*
escultor(-a) *sculptor*	**taller** m. *studio, workshop*
esfuerzo m. *effort*	**valentía** f. *bravery*

Los mayas eran una de las tribus indias más importantes de la América precolombina. Su civilización floreció antes de la llegada de los españoles, y sabemos que habían desarrollado un magnífico estilo de arquitectura, además de obras de escultura y alfarería que eran de primera categoría. Tenían su propia lengua escrita y literatura. Se destacaban también en las matemáticas y la astronomía.

Los mayas vivían en la península de Yucatán y parte de Centroamérica. Hoy se ven todavía rasgos de su cultura en sitios como Tikal, la antigua ciudad maya en Guatemala, y en la vida y la artesanía de sus descendientes modernos.

Ricardo Díaz vive en la ciudad de Guatemala, capital del país del mismo nombre. Es escultor de oficio, y sus estatuas, inspiradas en las obras de sus antepasados mayas, gozan de gran fama en el extranjero así como en su propio país. Se exhiben en las galerías y los museos más importantes. Ricardo es un hombre rico; tiene una casa grande en la capital además de un apartamento en Nueva York, adonde va cuando tiene ganas de cambiar de ambiente.

Un día, la corresponsal de una revista internacional llamada «Vida» viene a su casa para entrevistarse con él. Ella dice que quiere escribir un artículo sobre el famoso artista, un artículo que va a ilustrarse con varias fotos de sus obras.

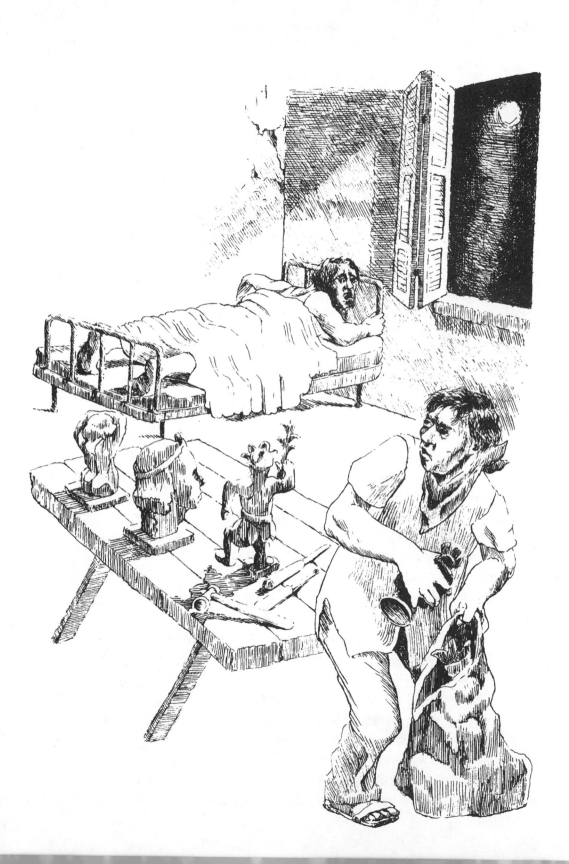

La periodista le pregunta:—¿A qué debe Ud. su éxito en el mundo artístico, señor Díaz?

—Pues, a mi talento y a mi amigo el ladrón.

—¿Su amigo el ladrón? No comprendo.

—Voy a explicárselo—dice Ricardo Díaz con una sonrisa—. Hace cinco años era yo un artista desconocido. Vivía en un barrio pobre de la ciudad, en una vieja casa. Mi única habitación servía de dormitorio, cocina y taller. A pesar de todos mis esfuerzos, muy pocos prestaban atención a mis obras. Me llevaba bien con algunos turistas que compraban una de mis esculturas de vez en cuando. Así podía ganar bastante dinero para comer y comprar materiales de artista, pero nada más. Francamente, me encontraba muy desilusionado y al punto de abandonar el arte completamente.

Una noche, pocos minutos después de acostarme, oí entrar a alguien en mi casa. En la oscuridad vi que era un joven que metía algunas estatuas mías en un saco con el propósito obvio de robármelas. Siendo una persona bastante fuerte, salté de la cama y comencé a luchar con el ladrón. Al mismo tiempo yo gritaba:—¡Socorro! ¡Policía!

Por suerte, en ese momento pasaba por allí un policía. Él se acercó enseguida y me ayudó a subyugar al ladrón. Naturalmente el tumulto llamó la atención de mucha gente en la vecindad, y entre los que venían corriendo a mi casa había un periodista que visitaba a unos amigos en el barrio. Él quedó tan impresionado por la valentía con que resistí al ladrón, que regresó al día siguiente para una entrevista, y también para sacar unas fotos de mis estatuas.

Su artículo, que apareció poco después en el periódico, despertó el interés del público en mi obra—especialmente el de las personas que tienen afición al arte. Con este ímpetu mi carrera comenzó a prosperar rápidamente. Venían críticos y clientes ricos, y mi progreso durante los últimos cinco años ya se saben bien.

Pero debo mencionar un detalle más. Sin duda, Ud. querrá saber qué ha sido del ladrón, el joven a quien debo mi éxito. Pues, lo llevaron a la cárcel, pero a pesar de su delito, yo le tenía compasión. Investigué el caso y averigüé que era de una familia pobre, que en efecto tenía mucho interés en el arte y que este robo había sido su único delito.

Hablé con las autoridades, y estuvieron conformes en darle su libertad con tal que viviera bajo mi vigilancia. Ya han pasado casi cinco años, y él todavía trabaja conmigo. Me ayuda, y algún día ganará su propia fama en el mundo del arte.

EJERCICIOS

Selección

Escoja la expresión que complete la frase correctamente.

1. Los mayas vivían en (Europa, Centroamérica, los Andes, Baja California).
2. Ricardo Díaz es (pintor, escultor, arquitecto, astrónomo).
3. Ricardo Díaz vive en (Cuba, Puerto Rico, Guatemala, Santo Domingo).
4. «Vida» es el nombre de (una revista, un periódico, una película, un drama).
5. Díaz tiene mucho éxito en el mundo (social, artístico, financiero, musical).

¿Cierto o falso?

Si la frase es cierta, repítala; si es falsa corríjala en español.

1. Díaz tiene ahora tres domicilios.
2. Hace cinco años Díaz era un artista desconocido.
3. Algunos turistas compraban las obras de Díaz.
4. Una chica robó algunas estatuas de Díaz.
5. Un policía ayudó al escultor.

Para completar

Complete las siguientes frases basándose en la historia.

1. El artículo sobre Díaz despertó _____.
2. Su carrera empezó a _____ rápidamente.
3. Llevaron al ladrón a _____.

4. El joven había cometido solamente _____.

5. Hace cinco años que el ladrón _____.

Para contestar

Responda a las preguntas en frases completas.

1. ¿Cuándo floreció la civilización maya?

2. ¿Cuál es el oficio de Ricardo Díaz?

3. ¿Cómo sabemos que Ricardo es un hombre rico?

4. ¿Dónde vivía Ricardo cinco años atrás?

5. ¿Qué trató de robar el ladrón?

6. ¿Quién ayudó a Ricardo a subyugar al ladrón?

7. ¿Cómo le ayudó a Ricardo el artículo escrito por el periodista acerca del crimen?

8. ¿Quién les pidió a las autoridades que pusieran en libertad al ladrón?

9. ¿Con quién trabaja el ladrón actualmente?

10. ¿Quién es su artista favorito? Describa sus obras.

Composition

Write a composition in Spanish about a visit that you and your friend María made to an art museum. It should consist of ten (10) sentences which convey the following information.

1. My friend María and I like Latin American art.

2. She knows a lot about art here and abroad.

3. Yesterday we went to see an exhibition (**exhibición**) of the sculptor Elena Ortiz.

4. It was the first day and many journalists and correspondents were there.

5. They interviewed Elena Ortiz, who is famous in this country.

6. Although she is from Latin America, she has a workshop here.

7. Her statues are quite abstract (**abstractas**) but they excel because of their colors.

8. At times, in order to understand her, I have to make an effort.

9. I prefer to see Latin American pottery.

10. We will return to the museum with our class next month and María agrees to serve as our guide.

Diálogo

Complete el diálogo lógicamente con oraciones o preguntas.

María y Rafael hablan de una visita al museo.

MARÍA: Este mes hay una exhibición de las obras de un escultor sudamericano.

RAFAEL: _____

MARÍA: Muchos países de nuestro hemisferio se destacan por su arte.

RAFAEL: _____

MARÍA: Me gusta mucho la alfarería mexicana. La tienda del museo venderá varios ejemplos.

RAFAEL: _____

MARÍA: Me encantan las obras del Perú. Reflejan la tradición de los incas.

RAFAEL: _____

MARÍA: Ya que eres periodista para nuestra publicación escolar, puedes escribir un artículo sobre la exhibición, Rafael.

RAFAEL: _____

Conversations

For each of the themes listed below, hold a conversation with a classmate or your teacher. Each conversation should consist of six (6) relevant utterances on the part of each participant. Avoid yes/no responses, restatements of what has previously been said, and socializing utterances not relevant to the theme. After both themes have been done, you may wish to reverse roles and repeat them.

1. A talks to B about his/her friend who is a sculptor. A begins the conversation.
2. B talks to A about his/her interest in being a journalist. B begins the conversation.

Description and Dialog

1. Based on the story, write a description in Spanish of the illustration on page 159. (Minimum: ten [10] sentences)
2. Write a dialog between Ricardo Díaz and the thief, as they appear on page 159. Each participant should provide at least five (5) utterances.

Spanish In Action

Los tesoros arqueológicos de Guatemala son innumerables. Los vestigios de la civilización maya se encuentran dispersos por todo el país, pero especialmente en el área de El Petén, donde se encuentra la mayor concentración de ruinas excavadas hasta hoy. De esas, la más famosa e importante es Tikal.

Tikal cuenta con más de 3000 estructuras: templos, palacios, altares, plataformas ceremoniales, residencias, áreas de juegos y plazas. Estas estructuras evidencian el alto nivel técnico de la civilización maya.

In Mayan culture, Tikal is
1. a god.
2. an ancient city.
3. the staple food.
4. an important holiday.

Translate the paragraph above for a friend who doesn't know Spanish.

Comprehension Cues

In Spanish, many adverbs of manner are formed by adding the suffix **-mente** to the feminine singular form of the adjective. **-mente** is usually the equivalent of the English suffix *-ly*.

An example found in the story you have just read is **rápidamente** (rapidly), which is derived from the feminine singular adjective, **rápida** (rapid). **Constante** (constant) becomes **constantemente** (constantly).

The adjectives listed below are in the masculine singular form. Change them to adverbs as shown above, and translate the adverbial form into English.

1. serio

2. abierto

3. triste

4. fácil

5. curioso

6. fuerte

7. hábil

8. dulce

9. lento

10. alegre

Portfolio

Prepare a report on the Mayan civilization for your class. If possible, include models or pictures of their art and architecture.

The Andes

The Backbone of a Continent

The Andes, one of nature's wonders, is the world's longest mountain range. It is 7500 kilometers long (about 4600 miles) and varies in width from 160 to 640 kilometers (from 100 to 400 miles). Because this chain of peaks runs the entire length of South America, it has been called "the backbone" of the continent. The Andes are also higher than any other range except for the Himalayas in India and Tibet. Mount Aconcagua, on the border between Chile and Argentina, rises to 7000 meters (over 4 miles) and is the highest peak in the Western Hemisphere. Two giants of the Andes situated in Ecuador are Cotopaxi, which is 6000 meters (over 2½ miles) high, and Chimborazo, which is 400 meters higher. Cotopaxi is the tallest active volcano in the world.

The Andes mountains pass through seven countries: Argentina, Chile, Bolivia, Peru, Ecuador, Colombia, and Venezuela.

For centuries, the Andes presented an almost insurmountable barrier between the eastern and western parts of the continent, but the advent of the airplane in the twentieth century largely overcame this obstacle.

High in the Andes, on the border between Chile and Argentina, stands one of the most imposing monuments ever built: *el Cristo de los Andes,* a statue of Christ eight meters (26 feet) high erected at an altitude of 4000 meters (13000 feet). The statue was built as a symbol of peace and friendship between Chile and Argentina.

Caramelo

In ten years, a person can change a great deal. When Carlos Mello graduated from high school, he was known to everyone as a good-natured fellow of modest means who loved to eat candy. When he returned after a decade, he was a very prosperous businessman. What was the secret of his success?

Modismos

atreverse a *to dare (to)* + infinitive	**sírvase Ud.** + infinitive *please*
en adelante *in the future*	**sobrarle algo a alguien** *to have an ex-*
ponerse de acuerdo *to agree*	*cess of, have left (over)*

Vocabulario

abogacía f. *legal profession*	**incapaz** *incapable*
apodo m. *nickname*	**portezuela** f. *(car) door*
aspecto m. *appearance*	**rechazar** *to reject*
caramelo m. *candy, caramel*	**reverencia** f. *bow*
gasto m. *expense*	**socio** m. *partner*
gerente m. & f. *manager*	

La capital más antigua de Sudamérica es la famosa ciudad de Quito en el Ecuador. Era un centro indio antes de la llegada de los españoles, y retiene gran parte de su encanto colonial. Quito está situada entre las bellas alturas de los Andes, y desde allí se puede ver el pico Cotopaxi, uno de los picos más altos del continente.

En la capital, no hace mucho tiempo, se celebraba una reunión de los graduados de una escuela llamada el Instituto Sucre. Muchos de los graduados no se habían visto durante diez años. Entre ellos había personas que ya estaban activas en varias profesiones: la medicina, la abogacía, el comercio, etc. Todos charlaban alegremente, cambiando recuerdos gratos de su juventud. Y varios amigos hicieron la misma pregunta:

—¿Dónde está Caramelo?

Era imposible olvidarlo. Carlos Mello tenía este apodo curioso porque tenía el hábito de comer caramelos constantemente.

—No se encuentra aquí—observó uno de los graduados—. ¿Creen Uds. que venga?

Y el grupo empezó a charlar sobre su amigo ausente. Recordaron que Caramelo era de una familia pobre, y era muy generoso y afable. Ni siquiera parecían molestarle los chistes ocasionales que se le hacían acerca de su apetito, y era en efecto muy popular con todos.

La discusión sobre Caramelo fue interrumpida por la llegada a la puerta principal del Instituto de un gran coche de lujo que era guiado por un chofer en uniforme. El chofer paró el coche, bajó y abrió la portezuela trasera con una leve reverencia. Bajaron un hombre, vestido con elegancia, y una señorita rubia y muy hermosa.

El aspecto de esta atractiva pareja produjo un silencio profundo entre los graduados. El hombre y la dama pasaron por la puerta, y todos quedaron callados hasta que Juan Gómez, el expresidente de la clase, le dijo al caballero:

—Perdón, señor, pero diez años es mucho tiempo, y no lo reconocemos a Ud.

—Pues, yo soy Carlos Mello, y ésta es mi novia, Delfina Suárez.

Después de un momento de gran sorpresa, todos formaron un círculo alrededor de su antiguo condiscípulo. Éste les explicó cómo su vida había cambiado tan radicalmente. Habló así:

«—Al graduarme del Instituto, quise asistir a la universidad, pero me faltaba el dinero para pagar los gastos. Por eso, busqué trabajo en varios sitios. Creo que no quisieron darme empleo porque cuando me entrevistaron, por estar algo nervioso, comía caramelos. Quizás por esa razón no me tomaron por una persona apropiada para el puesto. Me rechazaron en tantos sitios que perdí mi buen humor. Y cuanto más triste me sentía, más caramelos comía.

Estaba ya al punto de desesperación cuando vi un anuncio en el periódico: una fábrica de caramelos necesitaba obreros. Fui a la fábrica, me dieron una entrevista y tuve la sorpresa agradable de ser aceptado. Luego me atreví a preguntar si sería posible durante el día comer unos de los caramelos que se producían allí. Me sorprendí cuando me dijo:

—Sírvase comer cuantos quisiera.

—¡Qué generoso y cortés es el gerente!—pensé yo.

Pero al día siguiente, mi primer día de trabajo, entendí sus motivos. Llegué temprano a la fábrica con tantos deseos de comer caramelos como ganar dinero. Empecé a comer, y durante todo el día continuaba comiendo, comiendo y comiendo. No quiero ni puedo decirles cuántos caramelos comí. Aquella tarde llegué a casa con un dolor de estómago tan fuerte que no pude dormir toda la noche. Sin embargo, volví a mi trabajo al día siguiente—y esta vez no tomé ni un caramelo. En efecto, sólo pensar en un caramelo era bastante para hacerme perder el apetito.

Me prometí que en adelante nunca tocaría otro caramelo. Empecé a ser una persona más activa y alerta. En efecto, por medio de mis esfuerzos, impresioné tanto al gerente que me dio un puesto de mayor responsabilidad. Dentro de poco, el director de la fábrica oyó hablar de mis esfuerzos, y me ofreció la oportunidad de hacer estudios comerciales por la noche en una escuela de negocios. Es decir, la compañía pagaría los cursos. Dentro de dos años, los dueños de la fábrica se pusieron de acuerdo en nombrarme vicepresidente, y el mes pasado me aceptaron como socio. Ahora me sobran el dinero y los otros lujos de la vida.

¿Y qué de Uds.? Es un gran placer volver a verlos todos después de tanto tiempo.»

EJERCICIOS

Selección

Escoja la expresión que complete la frase correctamente.

1. Quito es la capital más (antigua, grande, rica, bella) de Sudamérica.

2. Quito está situada entre (montañas, desiertos, ríos, lagos).

3. Hacía (dos, diez, cuatro, veinte) años que los graduados no se habían visto.

4. La pareja que llegó a la reunión era (vieja, alta, pobre, hermosa).

5. Los graduados no (admiraron, reconocieron, hablaron, alabaron) al recién llegado.

¿Cierto o falso?

Si la frase es cierta, repítala; si es falsa corríjala en español.

1. Un círculo se formó alrededor de Carlos y su compañera.

2. La vida de Carlos no se había cambiado.

3. Carlos Mello había deseado asistir a la universidad.

4. Al principio, Carlos tenía dificultad en hallar empleo.

5. Finalmente encontró empleo en una fábrica que producía automóviles.

Para completar

Complete las siguientes frases basándose en la historia.

1. Durante un día entero Carlos continuó _____.

2. Llegó a casa con _____.

3. Al día siguiente, Carlos no tomó _____.

4. Él estudió por la noche en _____.

5. Por fin la compañía aceptó a Carlos como _____.

Para contestar

Responda a las preguntas en frases completas.

1. ¿Por qué es famosa la ciudad de Quito?

2. ¿Quiénes celebraban una reunión?

3. ¿Qué tipo de persona era Carlos Mello diez años atrás?

4. ¿Cómo llegaron Carlos y su novia a la reunión?

5. Describa Ud. a Carlos y a su novia.

6. ¿Dónde comenzó a trabajar Carlos al graduarse del instituto comercial?

7. ¿Por qué no comió Carlos más caramelos después de su primer día de trabajo?

8. ¿Qué se prometió Carlos después de su primer día en la fábrica?

9. ¿Qué llegó a ser Carlos?

10. ¿Cuándo come Ud. demasiado?

Composition

Write a composition in Spanish about your friend Elena, who wants to be a lawyer. It should consist of ten (10) sentences which convey the following information.

1. Elena has an excess of talent and ambition, and wants to be a lawyer.

2. She has the appearance of a very active and intelligent person.

3. The legal profession pays very well.

4. In the future, Elena will have to study a lot.

5. The expenses in school are very large.

6. However, her parents agreed to give her money for school.

7. Fortunately Elena's mother is the manager of a beauty parlor.

8. Her father is a partner in a gas station (**una gasolinera**).

9. Elena is a very independent person but she does not reject their help.

10. She dares to guarantee (**garantizar**) that one day she will be very rich.

Diálogo

Complete el diálogo lógicamente con oraciones o preguntas.

Pablo, un estudiante, habla con el gerente de una tienda de discos sobre la posibilidad de conseguir empleo en su tienda.

GERENTE: Me llamo Pedro Moreno y soy gerente de esta tienda. ¿En qué puedo servirle, joven?

PABLO: _____

GERENTE: Pues, Ud. tiene muy buen aspecto y eso es importante.

PABLO: _____

GERENTE: Tenemos que rechazar a los jóvenes que no tienen afición a la música.

PABLO: _____

GERENTE: En esta tienda Ud. puede progresar por medio de mucho trabajo.

PABLO: _____

GERENTE: Mañana hablaré con los socios de la compañía sobre este asunto.

PABLO: _____

GERENTE: Sírvase informarnos si hay condiscípulos suyos que tengan interés en trabajar aquí también.

PABLO: _____

Conversations

For each of the themes listed below, hold a conversation with a classmate or your teacher. Each conversation should consist of six (6) relevant utterances on the part of each participant. Avoid yes/no responses, restatements of what has previously been said, and socializing utterances not relevant to the theme. After both themes have been done, you may wish to reverse roles and repeat them.

1. A discusses with B his/her vocational/professional ambitions. A begins the conversation.
2. B inteviews A for the job of manager of the student organization store in school. B begins the conversation.

Description and Dialog

1. Based on the story, write a description in Spanish of the illustration on page 168. (Minimum: ten [10] sentences)
2. Prepare a dialog between two alumni attending the reunion in the story as they see the scene in page 168. Each participant should be able to provide at least five (5) utterances.

Spanish In Action

El área histórica de la ciudad de San Francisco de Quito es aproximadamente 348 hectáreas. Los planificadores de la ciudad conocían muy bien el área de los Andes y lograron construir sus calles a pesar del terreno montañoso. Muchos de los edificios de la ciudad de Quito son magníficos. Entre ellos debemos mencionar: el Palacio de Gobierno, el Palacio Municipal, el Palacio del Arzobispo y la Catedral.

The historic area of Quito was constructed with difficulty because of

1. constant floods.

2. difficult terrain conditions.

3. scarcity of building materials.

4. attacks by the Quechuas.

Translate the article above for a friend who does not know Spanish.

Comprehension Cues

Several verbs like **gustar** (to like) are used in constructions that would sound nonsensical if translated literally into English. For example, the literal translation of **me gustan los libros** is "to me are pleasing the books," but its proper English meaning is, of course, "I like the books." *I*, the subject of the English verb, becomes the indirect object **me** in Spanish; and the object of the English verb (*books*) becomes the subject **(los libros)** of the Spanish verb. An example of this construction that appears in the story "Caramelo" is **me faltaba el dinero**, "I needed the money" (literally, "to me was lacking the money").

Below are examples of similar constructions. Translate them into proper English.

1. gustar (to like)

   a. Nos gusta la película.

   b. A Juan le gustaba hacerlo.

2. quedar (to have left)

   a. Me queda un peso.

   b. A él le quedan dos libros.

3. faltar (to need)

   a. Dicen que les falta dinero.

   b. ¿Te falta algo, Pedro?

4. sobrar (to have an excess of, have left [over])

   a. A ellos les sobran amigos.

   b. Después de comprar el libro, me sobra un dólar.

5. bastar (to be enough)

   a. Les bastarán dos dólares.

   b. Me bastaba un libro.

Portfolio

The Galapagos Islands in the Pacific Ocean are a possession of Ecuador. They are famous for the unusual birds and animals found there. With the help of your science teacher, prepare an illustrated report on the Galapagos for your class. Be sure to mention the connection between the Galapagos and the famous British scientist Charles Darwin.

19

The Dominican Republic
Out of a Turbulent Past

Situated in the Caribbean, between Cuba and Puerto Rico, the Dominican Republic occupies two-thirds of the island of Hispaniola. The other portion is the Republic of Haiti, where Haitian Creole and French are spoken. Hispaniola was discovered by Columbus in 1492 and Santo Domingo, the capital of the Dominican Republic, is the oldest European settlement in the New World.

The Dominican Republic was created in 1844. In 1905, faced with the threat of occupation by European powers because of unpaid loans, the Dominican Republic appealed to the US for help.

The US then took control of the Dominican Republic's foreign trade. Because of a politically turbulent situation, US Marines occupied the country from 1916 to 1924. They were withdrawn after a democratically elected government was installed.

The dominant figure in the political life of the country during the twentieth century was General Rafael Trujillo, a dictator who ruled the republic with an iron hand from 1930 to 1961. His death was followed by a period of political instability. The US again sent troops to the island in 1965 and withdrew them the following year.

Thereafter, much of the political turmoil of the past disappeared and the economy of the country was aided by the many tourists who visit to enjoy the historic colonial atmosphere, lush tropical environment and beautiful beaches of the Dominican Republic.

Bola de nieve

Those of us who live in the northern parts of the USA take snow for granted, but for a native of the tropics it is really a marvelous spectacle. Alonso, a young man from Santo Domingo, had always wanted to experience northern winters. When he returned home after spending several years in the United States, he found a way to continue living in the frozen North that he liked so much. How did he manage to do this in Santo Domingo?

Modismos

a principios de *at the beginning of*	**estar a sus anchas** *to be at one's ease*
darle miedo a alguien (hacer algo) *to be afraid (to do something)*	**oír hablar de** *to hear about*
	ser aficionado(-a) a *to be fond of*

Vocabulario

abanico m. *fan*	**nevera** f. *refrigerator*
almirante m. *admiral*	**orgullo** m. *pride*
apodo m. *nickname*	**premiar** *to reward*
esquiar *to ski*	**recorte** m. *clipping (from a magazine or newspaper)*
esquimal m. & f. *Innuit (Eskimo)*	
historiador(-a) *historian*	**título** m. *college diploma*
materia m. *(school) subject*	**trineo** m. *sled*

Santo Domingo es la capital de la República Dominicana. Es famosa por sus monumentos de la época colonial. En la catedral de la ciudad se encuentra la tumba de Cristóbal Colón, pero los historiadores no están seguros si el Gran Almirante está enterrado en la isla o en otra parte. La Universidad de Santo Domingo es una de las más antiguas de América. El ambiente histórico, el clima tropical y las bellas playas atraen a muchos turistas a la isla.

Hace algunos años, vivía en Santo Domingo un joven llamado Alonso Pacheco, que trabajaba en la isla como guía turístico. Alonso asistía a una escuela secundaria donde estudiaba entre otras materias el inglés. Tenía aptitud para las lenguas, y por eso no tenía dificultad en conseguir empleo como guía para los turistas norteamericanos.

Alonso era un joven simpático e inteligente que tenía orgullo de la historia de su patria. Por eso, las charlas que daba a los turistas eran sumamente interesantes y frecuentemente premiadas con propinas generosas. El joven ahorraba su dinero porque tenía muchas ganas de hacer un viaje al norte de los Estados Unidos.

Había algo en el norte que le interesaba especialmente, una cosa que nunca se ve en su isla tropical: la nieve. Desde niño, siempre había oído hablar de la nieve y el hielo. Leía cualquier libro que pudiera conseguir sobre la vida de los esquimales. Tenía un álbum de recortes con fotos de deportes de invierno. Anhelaba esquiar, patinar sobre el hielo, dar paseos en trineo y hacer bolas de nieve. En efecto, a causa de su gran interés en los inviernos del norte, sus amigos le dieron el apodo «Bola de Nieve».

Cuando Alonso tenía la suerte de servir de guía a un grupo de turistas de los Estados Unidos o del Canadá, siempre les hacía muchísimas preguntas sobre su tema predilecto.

Llegó finalmente el día anhelado de la graduación, en la escuela superior. Después de la ceremonia de graduación, todos los estudiantes discutían sus planes para el porvenir.

«Bola de Nieve» anunció con alegría que había ahorrado bastante dinero para comenzar sus estudios universitarios en una escuela famosa que estaba en el norte de los Estados Unidos. Tendría finalmente la oportunidad de esquiar, patinar y gozar de la nieve. Pronto se realizaría la ambición de su vida. Les aseguró a sus amigos que no le daría miedo vivir en un país extranjero.

Pasaron diez años, y los amigos de «Bola de Nieve» lo habían casi olvidado. Pero le recordaron un día cuando vieron en el periódico un anuncio sobre una tienda grande que iba a abrirse en el centro de la ciudad. La tienda se llamaba «La Bola de Nieve», y muchos de los antiguos amigos de Alonso estaban presentes cuando se abrieron por primera vez las puertas del bello y moderno negocio.

En la tienda se vendían abanicos eléctricos, neveras y acondicionadores de aire. Los amigos no estaban sorprendidos al saber que el dueño de la tienda era Alonso Pacheco. Éste saludó calurosamente a sus amigos y les explicó su vuelta a la isla así:

—Fui a los Estados Unidos para ver la nieve y dedicarme a los deportes y actividades de invierno. Mientras estaba allí, también estudiaba la administración de negocios, y gané mi título universitario con honores.

Conseguí empleo en varias compañías, y estaba progresando de un puesto administrativo a otro más importante. Pero comencé a sentir una nostalgia muy profunda por esta isla, y al fin decidí volver. Un día tuve la idea de traer aquí algo que me había encantado en el norte: el frío. Aprovechándome de mi apodo, abrí esta tienda. Y ahora, cada vez que abro la puerta de una nevera para demostrarla a un cliente, el aire frígido que siento me trae a la memoria las colinas nevadas de Vermont. Sigo interesándome en los deportes que aprendí en el norte, y aquí soy aficionado al esquí acuático.

EJERCICIOS

Selección

Escoja la expresión que complete la frase correctamente.

1. Se cree que en la República Dominicana se encuentra la tumba de (Hernán Cortés, Alfonso XII, Cristóbal Colón, Francisco Pizarro).
2. La Universidad de Santo Domingo es una de las más (antiguas, modernas, grandes, bilingües) de América.
3. Alonso Pacheco trabajaba como (dependiente, guía, intérprete, tenedor de libros).
4. Alonso tenía aptitud para (las lenguas, la ciencia, las matemáticas, la química).
5. El joven ahorraba su dinero para hacer un viaje a (España, México, los Estados Unidos, Puerto Rico).

¿Cierto o falso?

Si la frase es cierta, repítala; si es falsa corríjala en español.

1. Alonso siempre había oído hablar del hielo y la nieve.
2. Tenía miedo de esquiar en la nieve.
3. Alonso decidió asistir a una universidad en los Estados Unidos.
4. Tendría la oportunidad de ver la selva tropical.
5. Tenía miedo de salir de su patria.

Para completar

Complete las siguientes frases basándose en la historia.

1. Pasaron _____ y los amigos de Alonso casi lo habían olvidado.

2. Una nueva tienda _____ en el centro de la ciudad.

3. La tienda se llamaba _____.

4. El dueño de la tienda era _____.

5. La escuela donde Alonso había ganado su título universitario estaba en_____.

Para contestar

Responda a las preguntas en frases completas.

1. ¿Cómo se llama la capital de la República Dominicana?

2. ¿Qué trabajo tenía Alonso en la isla?

3. ¿Por qué ahorraba su dinero?

4. ¿Qué le interesaba especialmente en el norte?

5. ¿Dónde comenzó Alonso sus estudios universitarios?

6. ¿Qué oportunidad tenía mientras estudiaba?

7. ¿Qué enseres (appliances) eléctricos se vendían en la «Bola de Nieve»?

8. ¿Por qué regresó Alonso a la República Dominicana?

9. ¿En qué piensa Alonso cuando abre la puerta de la nevera para un cliente?

10. ¿Prefiere Ud. los deportes de verano o los de invierno? ¿Por qué?

Composition

Write a composition in Spanish about your plans for a ski trip to South America. It should consist of ten (10) sentences which convey the following information.

1. At the beginning of July you will have your vacation.

2. You are fond of winter sports.

3. Your friend gave you a newspaper clipping for tourists about Chile and Argentina.

4. You had heard about the opportunities to (**para**) ski in the Andes during our summer.

5. You are not afraid to travel to South America.

6. A person can be at his/her ease where one speaks the language.

7. Last year you received good marks and your parents are rewarding you with money for the trip.

8. In addition to skiing, you want to take a ride (**dar un paseo**) in a sled because the mountains are so beautiful.

9. Spanish is your favorite subject in school and during your trip you will speak it frequently.

10. Your trip will help you a lot because in college (**la universidad**), Spanish is a requirement (**requisito**) for a college diploma.

Diálogo

Complete el diálogo lógicamente con oraciones o preguntas.

Manuel y Gloria discuten lo importante que es ahorrar dinero.

GLORIA: ¿Quieres acompañarme al banco a principios de la semana próxima?

MANUEL: _____

GLORIA: Mis padres sienten mucho orgullo porque ese dinero es para mi educación.

MANUEL: _____

GLORIA: Además, quiero aprender a esquiar, y eso cuesta bastante.

MANUEL: _____

GLORIA: Si me queda algún dinero, pienso viajar al norte para observar la vida de los esquimales.

MANUEL: _____

GLORIA: Soy aficionada a las compras, y por eso tengo que ganar más dinero.

MANUEL: _____

Conversations

For each of the themes listed below, hold a conversation with a classmate or your teacher. Each conversation should consist of six (6) relevant utterances on the part of each participant. Avoid yes/no responses, restatements of what has previously been said, and socializing utterances not relevant to the theme. After both themes have been done, you may wish to reverse roles and repeat them.

1. A tells B about his/her favorite winter sports. A begins the conversation.
2. B tells A why he/she wants to become a historian. B begins the conversation.

Description and Dialog

1. Based on the story, write a description in Spanish of Alonso's fantasy, as illustrated on page 177. (Minimum: ten [10] sentences)
2. Assume that the two people to Alonso's right are tourists in the Dominican Republic. Construct a dialog between them, in which they give their impressions of the island. Each participant should provide at least five (5) utterances.

Spanish In Action

This advertising relating to the Dominican Republic is for people who
   1. want to visit there.
   2. wish to send things there.
   3. are interested in art.
   4. have currency to exchange.

Comprehension Cues

Some Spanish verbs are followed by a preposition that has no equivalent in English:

gozar *de* la nieve   *to enjoy the snow*

Express the following sentences in English.
   1. Entramos en la escuela.
   2. Salí de la clase.
   3. Juan cesó de hablar.
   4. Aprenderemos a esquiar.
   5. María se casó con Juan.
   6. El avión se acerca a su destino.
   7. El pobre carece de dinero.
   8. Vamos a hablar.
   9. Me enseña a bailar.
   10. Les gusta jugar a los naipes.

Portfolio

Obtain an audio or video tape of the popular Dominican dance called the **merengue** and play it for the class. Demonstrate the dance and teach it to your classmates.

20

Panama

....

The Crossroads of the World

Panama, a land bridge between two continents, was part of Colombia until 1903. In that year, it seceded from Colombia after a brief revolution that was strongly supported by the United States, which was planning to build a canal to join the Pacific and Atlantic oceans. Shortly after Panama declared its independence it granted the use and control of the canal zone to the United States. The zone encompassed the country's major cities: Panama City, its modern capital; and Colón, the northern terminus of the Canal.

The idea of a canal connecting the Atlantic and Pacific oceans goes back as early as 1523, when king Charles I of Spain proposed the construction of a canal through Central America that would eliminate the long trip around the southern tip of South America. The California gold rush of 1849 spurred a renewed interest in the Central American canal.

In 1881, a French company began construction of the canal in Panama, but abandoned the project ten years later. In 1904 the United States government took over the work begun by the French. One of the major problems confronting the American engineers was the high altitude of the terrain of the isthmus. Two possible solutions were considered: 1) an enormous amount of excavation to reach sea level and 2) a mechanical system of locks that would raise or lower ships as they passed through the canal. The latter was chosen and work on the canal was completed in 1914. It was officially inaugurated in 1920.

A 1977 treaty with the United States gave Panama control over the operation and maintenance of the canal, as well as the defense of the Canal Zone starting in the year 2000. This glorious achievement of American technology will continue to be used by ships from all the nations in the world.

Entre dos mares

When it seemed that Enrique Martínez would have to choose between love and money, he made a decision that took him and his bride from Spain to Panama. Why did he choose Panama?

Modismos

a lo lejos *in the distance, from afar*	**dar a** *to face*
a lo menos *at least*	**por lo visto** *apparently*

Vocabulario

afueras f. pl. *outskirts*	**fuente** f. *source*
amenazar (con) *to threaten (to)*	**huérfano(-a)** *orphan*
cumplir *to comply*	**istmo** m. *isthmus*
entierro m. *burial*	**orfanato** m. *orphanage*
estima f. *esteem, respect*	**pertenecer** *to belong*

A pesar de ser un país pequeño, Panamá ha sido muy importante en la historia del mundo. Situado en Centroamérica, fue durante la época colonial un gran centro de comercio entre España y sus posesiones. En el siglo veinte llegó otra vez a ser muy importante, esta vez por ser el sitio del gran canal que une el Atlántico y el Caribe con el Pacífico. La construcción del canal comenzó en 1903 y fue completada once años después. Esta obra monumental fue un paso importante en el progreso del comercio entre todas las naciones del mundo.

Hace muchos años, llegó a Panamá un joven matrimonio español: don Enrique Martínez y su esposa doña María. Eran muy ricos, y pronto formaron parte de la alta sociedad panameña. Don Enrique dedicaba su tiempo a los deportes y también mantenía una importante colección de insectos tropicales que conservaba y estudiaba.

Su esposa era famosa por su belleza y encanto y también por las fiestas suntuosas que daba, las cuales eran conocidas en todo el país. La pareja se

interesaba en obras de caridad, y contribuía mucho dinero a varios hospitales y orfanatos. Dedicaban gran parte de su tiempo cuidando a los pobres y los enfermos. Por lo visto era un matrimonio ideal.

Sin embargo, los rodeaban dos misterios: la fuente de su tremenda riqueza y sus dos casas iguales. Poco después de llegar al país, don Enrique mandó construir una bella hacienda en las afueras de la ciudad de Panamá y, al mismo tiempo, otra hacienda exactamente igual cerca de Colón, al otro lado del istmo. Una de las haciendas tenía una vista magnífica del Pacífico, y desde la otra se veían a lo lejos las olas del Caribe. Los Martínez solían pasar una semana cerca del Pacífico, y luego hacían el viaje de unos 80 kilómetros a Colón. Allí pasaban exactamente siete días también, regresando después al Pacífico. Esta costumbre curiosa seguía sin interrupción durante muchos años.

—¿Cómo se explica tal modo de vivir?—se preguntaron los amigos y los vecinos de la pareja, y llegaron a creer que se trataba de una excentricidad personal. Pero esta «excentricidad», si tal era, no afectó la gran estima en que tenían a los Martínez por sus muchas virtudes.

Una noche, después de una fiesta, el único invitado que se había quedado en casa de los Martínez era don Francisco, su mejor amigo. Él y Enrique charlaban amistosamente cuando aquél dijo:

—Enrique, ya hace 30 años que nos conocemos. Te considero mi mejor amigo, y por eso me atrevo a hacerte una pregunta sobre algo que nunca he comprendido. ¿Por qué tienes tú dos casas exactamente iguales? ¿Y por qué se mudan Uds. de casa cada semana sin falta?

Enrique sonrió, hesitó un momento y dio la explicación siguiente:

«Nací en España, y a la edad de ocho años me encontré huérfano. Me aceptó en su casa mi tío Carlos. Era un hombre muy rico que había nacido pobre, pero, mediante su ambición, su astucia y su buena suerte, había llegado a ser uno de los industriales más importantes del país. Con tanta riqueza llegó a tener pretensiones sociales, y aun se compró un título de nobleza.

Mientras yo hacía mis estudios en la Universidad de Madrid, conocí a María. Era de buena familia aunque pobre. Cuando le dije a mi tío que yo quería casarme con la chica, aquél se puso furioso. Él ya había decidido con quien me casaría: sería con una joven condesa. El tío Carlos me la había escogido para establecer más fuertemente la nobleza de la familia. Para él esto era muy importante porque mi tío era soltero, y yo era su único heredero.

Cuando insistí en casarme con María, me amenazó con desheredarme. Sin embargo, le dije que para mi el amor era más importante que el dinero. Al darse cuenta de que le era imposible impedir así nuestras bodas, puso una condición curiosa en su testamento, para separarnos y tener su venganza: María y yo recibiríamos cada uno una gran suma de dinero si viviéramos en otro país y en casas distintas: la mía dando a un mar y la de ella dando a otro. Dentro de poco mi tío murió. Yo estudiaba para abogado, y estaba determinado a casarme con María y ganarme la vida por mis propios esfuerzos. Pero pocos días después del entierro de mi tío cruel, me vino a la mente la idea de cómo sería posible casarme con María y recibir al mismo tiempo lo que él nos había dejado.

Nos casamos y emigramos a Panamá. Como sabes, tenemos dos casas. La una me pertenece a mí y la otra a María. Cambiamos de residencia cada semana para cumplir legalmente con las condiciones del testamento. Me considero muy afortunado, tengo mi amor y mi fortuna, y trato de mostrar mi gratitud ayudando a los que han tenido menos suerte.»

EJERCICIOS

Selección

Escoja la expresión que complete la frase correctamente.

1. La construcción del Canal de Panamá duró (diez, once, nueve, quince) años.

2. Los Martínez vinieron de (Puerto Rico, Cuba, España, Santo Domingo).

3. Enrique dedicaba su tiempo a (la lectura, los deportes, los estudios, la música).

4. La esposa de Enrique era famosa por su (hermosura, genio artístico, bella voz, talento lingüístico).

5. La pareja se interesaba en (escribir novelas, hacer obras de caridad, la fotografía, lenguas extranjeras).

¿Cierto o falso?

Si la frase es cierta, repítala; si es falsa corríjala en español.

1. La fuente de la riqueza de los Martínez era un misterio.

2. La pareja vivía un año en la casa cerca de Colón y otro año en la casa que daba al Caribe.

3. Francisco era el único amigo de los Martínez.

4. Hacía treinta años que Francisco y Enrique se conocían.

5. Carlos era el abuelo de Enrique.

Para completar

Complcte las siguicntcs frascs basándose en la historia.

1. Enrique hizo sus estudios en la _____.

2. María era de una familia buena pero _____.

3. El tío quería que Enrique se casase con _____.

4. Después de la muerte del tío, Enrique y María emigraron a _____.

5. Enrique y María vivían en distintas casas para recibir legalmente el _____ del tío Carlos.

Para contestar

Responda a las preguntas en frases completas.

1. ¿Cuáles océanos une el Canal de Panamá?

2. ¿Cómo vivían Enrique y María después de llegar a Panamá?

3. ¿Qué misterios existían con relación a la vida de la pareja?

4. ¿Dónde nació Enrique?

5. ¿Qué pretensiones tenía el tío de Enrique?

6. ¿Con quién quería casar a su sobrino el tío Carlos?

7. ¿Qué condición puso el tío Carlos en su testamento para separar a Enrique y María?

8. ¿Qué idea tuvo Enrique poco después de la muerte de su tío?

9. ¿Cómo muestra Enrique su gratitud por su buena suerte?

10. ¿Debe una persona casarse por amor o por dinero? ¿Por qué?

Composition

Write a composition in Spanish about Mr. Martel, a well-known man in your community. The composition should consist of ten (10) sentences which convey the following information.

1. Mr. Martel belongs to the group of persons who were born poor but earned a lot of money.

2. The source of his wealth is his factory.

3. Apparently he is one of the richest men here.

4. Mr. Martel was an orphan at the age of ten years.

5. His parents died in an accident and after their burial he was alone.

6. Mr. Martel lives in a large house in the outskirts of the city.

7. His house faces a beautiful lake.

8. In the distance one can see (**se puede ver**) the orphanage where he used to live.

9. He spends at least two days each week there with the children and gives them a lot of money every year.

10. He has the respect of all in the city.

Diálogo

Complete el diálogo lógicamente con oraciones o preguntas.

Rosa discute un proyecto de su clase con su amigo Luis.

ROSA: La semana próxima voy a visitar un orfanato con otros alumnos de mi clase.

LUIS: _____

ROSA: El orfanato está en las afueras de la ciudad, y vamos a tomar
el autobús.

LUIS: _____

ROSA: El orfanato da a un parque; vamos a llevar a los niños allí
para jugar.

LUIS: _____

ROSA: Así ganamos la estima de los huérfanos.
LUIS: _____

ROSA: Para mí, ayudar a los menos afortunados es una fuente de
gran satisfacción.
LUIS: _____

Conversations

For each of the themes listed below, hold a conversation with a classmate
or your teacher. Each conversation should consist of six (6) relevant utterances on the part of each participant. Avoid yes/no responses, restatements
of what has previously been said, and socializing utterances not relevant to
the theme. After both themes have been done, you may wish to reverse
roles and repeat them.

1. A discusses with B how important money is for hapiness. A begins the
conversation.

2. B discusses with A how/why he/she works in an orphanage as a volun-
teer (**voluntario[-a]**). B begins the conversation.

Description and Dialog

1. Based on the story, write a description in Spanish of the illustration on page 186. Assume that Enrique (the young man standing) is informing his uncle (seated) that he plans to marry María. (Minimum: ten [10] sentences)

2. Write a dialog between Enrique and María that takes place after they learn about uncle Carlos's will. Each participant should provide at least five (5) utterances.

Spanish In Action

LLENA ESTE CUPÓN

Apresúrate. Apadrina a un niño del Tercer Mundo.

☐ Sí. Deseo recibir más información, sin compromiso.

Nombre ....

Dirección ....

Localidad .... Provincia ....

Código Postal .... Tel. ....

GUERRA CONTRA LA POBREZA

CALLE TUTOR, NO. 15
MADRID, ESPAÑA
TEL.: 452 555 005

This form is for people who
1. plan to visit Spanish America.
2. have a family in Spanish America.
3. collect stamps from Spanish America.
4. want to help a child in Spanish America.

Translate the ad for a friend who does not know Spanish.

Comprehension Cues

Some Spanish verbs have "built-in" prepositions that must be expressed separately in English; for example:

Podía *mirar* el Caribe.   *He could* look *at the Caribbean.*

Give the equivalent English expression for the following sentences.

1. Pagan el libro.

2. Esperamos el verano.

3. María pide un vaso de leche.

4. Aguardan la llegada del tren.

5. Buscaban el dinero.

Portfolio

Give a talk to your class on how the locks in the Panama Canal raise and lower ships as they cross the isthmus. Illustrate your talk with pictures, a videotape, or a model.

Review

A. Reorganice las palabras para formar frases completas.

1. periódico / artículo / corresponsal / del / el / está / en / el
2. en / escultor / el / taller / trabaja / su
3. mis / congelado / el / si / lago / patines / está / voy / usar / a
4. fue / el / atrapado / por / ladrón / policía / la
5. sirve / María / museo / en / de / el / guía
6. jardín / nuestro / rosas / florecen / las / en
7. el / puente / río / medio / del / cruzó / por
8. con / Juan / tarea / esfuerzo / completó / la / gran
9. usaron / todos / adelante / menos / autos / gasolina / los / en
10. fútbol / Carlos / aficiona / se / al
11. está / leche / nevera / la / en / la
12. pasado / el / estudia / historiador / el
13. buenos / tengo / lo / tres / menos / amigos / a
14. parque / casa / al / da / mi
15. para / vamos / a / los / divertir / al / orfanato / niños

B. Exprese las siguientes frases en inglés.

1. Los peruanos así como los mexicanos hablan español.
2. Me llevaré un chasco si hace mal tiempo mañana.
3. Él quiere estudiar para contador.
4. Compramos una muñeca de paja para Margarita.
5. Cuando hace frío usamos dos mantas.
6. Hay carne de res en el frigorífico.
7. El sollozo del niño indicó que estaba triste.
8. La alfarería mexicana es muy bella.

9. Hay que saltar para cruzar el arroyo.

10. Es un delito no pagar los impuestos.

11. El periodista charlaba con el senador.

12. Abrimos la portezuela del auto para las damas.

13. Al oír los aplausos el cantante hizo una reverencia.

14. Sírvase firmar este documento.

15. El gerente de la tienda trabaja desde las ocho hasta las cinco.

16. Los estudiantes no se atreven a hablar en la biblioteca.

17. El corresponsal se entrevista con muchos políticos.

18. La casa de María tiene un aspecto muy agradable.

19. Recibimos el dinero a principios del mes.

20. En tu casa estoy a mis anchas.

21. El almirante manda en su nave.

22. Los esquimales soportan bien el frío.

23. Después de cuatro años de estudios universitarios, Pedro recibió su título.

24. Los dos socios se pusieron de acuerdo.

25. Admiramos la valentía del héroe.

26. Después de comprar ropa me sobran veinte dólares.

27. Hacemos un libro de recortes para nuestra clase de estudios sociales.

28. Por lo visto la joven es muy inteligente.

29. En este caso la culpa del criminal es evidente.

30. Raquel nunca rechaza la ayuda de sus padres.

C. Traduzcan las expresiones entre paréntesis.

1. Si el avión llega tarde, (*it can't be helped*).

2. Su padre le compró otro (*sleigh*).

3. Los niños (*jump*) mucho en el patio.

4. Si Ud. (*agree*), podemos comenzar el proyecto.

5. Vamos a la Florida (*at the beginning*) del año.

6. Este policía puede (*overpower*) al criminal.

7. Juan es (*incapable*) de llevar este baúl pesado.

8. (*We hear about*) los exámenes de nuestros amigos.

9. La historia es una (*subject*) muy interesante.

10. Su apartamento (*faces*) una plaza muy bella.

11. El (*burial*) del abuelo tuvo lugar en noviembre.

12. Trato de (*comply*) con mis promesas.

13. Pusimos la carne en la (*refrigerator*).

14. El estudiante (*excels in*) en las matemáticas.

15. Las obras del escultor están en su (*workshop*).

D. Conteste las preguntas en frases completas.

1. ¿Cuándo está Ud. inquieto(-a) en la escuela?

2. ¿Cómo pasa Ud. la víspera del Año Nuevo?

3. ¿Adónde lleva Ud. su radio portátil?

4. ¿Qué rasgo de la cultura hispánica le gusta más?

5. ¿Cómo aprende Ud. de los acontecimientos importantes del día?

6. ¿Qué hay en el zaguán de su casa?

7. ¿Por qué le gustaría estudiar en el extranjero?

8. ¿Qué hace un escultor?

9. ¿En qué asignatura se destaca Ud.?

10. ¿A qué deporte tiene Ud. afición?

11. ¿Quiénes están en la cárcel?

12. ¿Sobre qué se pone de acuerdo su familia?

13. ¿Cuál es su apodo?

14. ¿Quién es su condiscípulo(-a) favorito(-a)?

15. ¿Cuándo está Ud. a sus anchas?

16. ¿Qué gastos tiene Ud. cada semana?

17. Si le sobran a Ud. caramelos, ¿qué hace con ellos?

18. ¿Por qué es interesante la abogacía?

19. ¿Qué le da a Ud. miedo?

20. ¿Cuándo debe una universidad rechazar a un estudiante?

21. ¿De qué tiene Ud. orgullo?

22. ¿Adónde va para esquiar?

23. ¿Cuándo usa la dama su abanico?

24. ¿Cómo premia el profesor a los buenos estudiantes?

25. ¿Por qué es bueno vivir en las afueras de una ciudad?

26. ¿Cómo gana Ud. la estima de los otros alumnos?

27. ¿A qué deporte es Ud. aficionado(-a)?

28. ¿Qué no tiene un huérfano?

29. ¿Puede Ud. ver el mar a lo lejos desde el techo de su casa?

30. ¿A quién(es) pertenece la casa en que Ud. vive?

Vocabulary

Note: Nouns are listed in the singular. Regular feminine forms of nouns are indicated by **(-a)** or the ending that replaces the masculine ending: **médico(-a), alcalde(-esa)**. Regular feminine forms of adjectives are indicated by **-a: alto, -a.**

A

a bordo   on board

a caballo   on horseback; **montar a caballo**   to go horseback-riding

a causa de   because of

a fines de   at (towards) the end of

a fondo   thoroughly

a pesar de   in spite of

a ver   let's see

abandonar   to leave, abandon

abanico *m.*   fan

abogacía *f.*   legal profession

abogado(-a)   lawyer

abrazar   to embrace, hug

abrigo *m.*   overcoat

abrir   to open; **en un abrir y cerrar de ojos**   in the twinkling of an eye, (in an instant)

abuela *f.*   grandmother

abuelo *m.*   grandfather; **los abuelos** grandfathers, grandparents

acabar   to finish; **acabar de** + *inf.* to have just . . . ; **acaban de llegar**   they have just arrived; **acabar por** + *inf.*   to end by

aceptar   to accept

acera *f.*   sidewalk

acercarse a   to approach

acontecimiento *m.*   event

acostarse   to go to bed; to lie down

acostumbrar   to accustom

actual   present, current

adelante   forward; **en adelante** from now on, in the future

además (de)   in addition (to), besides

adquirir   to acquire

afable   affable, pleasant (in conversation)

afición: tener afición a   to like

aficionado(-a)   fan, follower: **aficionado de béisbol (de tenis)**

baseball (tennis) fan; **ser aficionado a (al, a la, ...)** to be fond
of ...

afortunadamente luckily, fortunately

afueras *f. pl.* outskirts

agasajar to entertain splendidly

agencia *f.* agency

agradable pleasant

agradecer to thank

agrícola agricultural

agua (el agua) *f. water*

aguardar to wait for

ahora now

ahorrar to save

ahorros *m. pl.* savings

aire *m.* air; **al aire libre** outdoors,
in the open air

al final de at the end of

al menos at least

alabar to praise

alcanzar to attain

alcoba *f.* bedroom

aldea *f.* village

aldeano(-a) villager

alegre cheerful, happy

alegría *f.* happiness, joy

alejarse to withdraw, move away

aleta *f.* fin

alfarería *f.* pottery

algo something

algodón *m.* cotton

aliado(-a) ally

almacén *m.* department store

almirante *m.* admiral

alquilar to rent

alrededor (de) around

alto, -a tall, high

altura *f.* altitude, height

alumno(-a) pupil, student

alzarse to rise

amable kind, obliging; lovable

ambición *f.* ambition

ambiente *m.* atmosphere

amenazar to threaten

amistad *f.* friendship

amistoso, -a friendly

amor *m.* love

añadir to add

anchura *f.* width

anciana elderly woman

anciano elderly man

Andalucía Andalusia (*a region in
southern Spain*)

andaluz(-a) native of Andalusia

andar to walk

andén *m.* platform (*in train station*)

ángel de la guarda *m.* guardian
angel

angelino(-a) native of Los Angeles

anhelar to yearn

año *m.* year: **el año pasado** last
year; **el año que viene** next
year; **tener... años** to be ... years
old : **¿cuántos años tiene Ud.?**
how old are you?

anochecer *m.* nightfall, dusk;
(*also verb*) to get dark

ansiedad *f.* anxiety, worry

ante before; **ante todo** above all

antepasado *m.* ancestor

anteriormente formerly

antes de before
antiguo, -a old, ancient, antique
anunciar to announce
anuncio *m.* advertisement
aparecer to appear
aplaudir to applaud
apodo *m.* nickname
apresurarse (a) to hurry (to)
aprovecharse de to take advantage of, to avail oneself (make use) of
apunte *m.* note
arco *m.* arch: **arco de herradura** horseshoe arch
arquitectura *f.* architecture
arreglar to arrange
arriba up (there), above: **de arriba abajo** from top to bottom, "up and down"
arroyo *m.* stream
arruga *f.* wrinkle
artesanía *f.* craftsmanship
artista *m. & f.* artist
asado *m.* roast
asado, -a roasted
asegurar to assure
así thus, in that way: **así como** as well as
asignatura *f.* school subject
asistir a to attend
asomar to show, appear
aspecto *m.* appearance
astucia *f.* cunning
asunto *m.* matter subject
asustar to frighten
Atenas *f.* Athens
atraer to attract

atrapar to trap catch
atrás behind
atreverse (a) to dare
atrevido, -a bold, daring
aun even; **aún** still, yet
aunque although
ausencia *f.* absence
avaro(-a) miser, stingy person; *also adj.*
averiguar to find out, ascertain
ayuda *f.* help, assistance
ayudar to help
azteca *m. & f. adj.* Aztec

B
bajo, -a low, short
balneario *m.* beach resort
balsa *f.* raft, boat
banco *m.* bench; bank (*institution*)
barca pesquera *f.* fishing boat
barco *m.* boat, ship
barrio *m.* district, neighborhood
bastante enough; rather, quite
baúl *m.* trunk
bebé *m. & f.* baby
beca *f.* scholarship
Belén Bethlehem
belleza *f.* beauty
bello, -a beautiful
besar to kiss
biblioteca *f.* library
bicicleta *f.* bicycle
bienestar *m.* welfare, well being
billete *m.* ticket
boda *f. pl.* wedding
bodega *f.* grocery store
bola de nieve snowball

bolsa *f.* purse, pouch
bondad *f.* kindness
bondadoso, -a kindly, good-natured
bordo: estar a bordo to be on
board (a ship)
bote *m.* boat
brazo *m.* arm: **en brazos** in someone's arms
bulto *m.* bundle, parcel, bulky object
buque *m.* ship
burro *m.* donkey
busca *f.* search: **en busca de** in
search of
buscar to look for, seek
butaca *f.* armchair

C
¿cuánto(-a)? how much?: **¿cuánto
tiempo hace que... ?** how long
(has it been) since . . . ; **¡cuánto
me gusta** *(+ inf.)***!** how I like to
. . . !, I like to . . . so much!
¿cuántos(-as)? how many?; **¿cuántos años tienes?** how old are
you?
caballo *m.* horse: **a caballo** on
horseback
cabaret *m.* cabaret, night club
cabecera *f.* bedside
cabo *m.* end, extreme: **al fin y al
cabo** finally
cada *invar.* each, every; **cada vez
más** more and more
caer to fall: **caer en la cuenta** to
catch on

cafetal *m.* coffee plantation
caja *f.* box
cajero(-a) cashier
calidad *f.* quality
calificado, -a qualified
callarse to fall silent
calle *f.* street
caluroso, -a warm
calvo, -a bald
cama *f.* bed: **guardar cama** to
stay in bed
cambiar to change; to exchange
cambio *m.* change: **en cambio** on
the other hand
camello *m.* camel
camerino *m.* *dressing room*
camino *m.* road; **ponerse en
camino** to start out
camión *m.* truck
campeón *m.* champion
campeonato *m.* championship
campesino(-a) peasant, farmer
campo *m.* countryside
cancha *f.* tennis court
cansado, -a tired
cantante *m. & f.* singer
capricho *m.* whim, caprice
captar to catch, win, attract
cara *f.* face
caramelo *m.* candy, caramel
cárcel *f.* jail
carecer de to lack
carga *f.* cargo
cargado, -a (de) loaded (with)
cargo *m.* charge: **hacerse cargo
de** to take charge of
caridad *f.* charity

carioca *m. & f.* native of Rio de Janeiro (Brazil)

carne *f.* meat: **carne de res** beef

carpintero(-a) carpenter

carrera *f.* career

carretera *f.* highway

cartera *f.* wallet

cartero(-a) mail carrier

casarse (con) to get married (to)

casi almost

casino *m.* social club

caso *m.* case, matter

casualidad *f.* chance

casucha *f.* hut

catedrático(-a) professor, university lecturer

categoría *f.* category: **de primera categoría** first-class, first-rate, of the highest quality

causa *f.* cause: **a causa de** because of, on account of

causar to cause

cavar to dig

Cayo Hueso Key West (Florida)

cazador *m.* hunter

cazadora *f.* huntress

cena *f.* supper

cenar to dine, have supper

Centroamérica *f.* Central America

cerca (de) near: **de cerca** closely

cercano, -a nearby

ceremonia *f.* ceremony

cesar de + *inf.* to stop, cease

cesta *f.* basket

chaqueta *f.* jacket

charco *m.* puddle

charla *f.* talk, chat: **dar una charla** to give a talk or informal lecture

charlar to chat

chasco *m.* disappointment: **llevarse un chasco** to be disappointed

chica *f.* girl

chicano(-a) Mexican-American; also *adj.*

chico *m.* boy

chiste *m.* joke

chofer (chófer) *m.* driver, chauffeur

científico(-a) scientist; also *adj.*

cierto, -a certain: **cierto día** on a certain day; **por cierto** certainly, surely

cine *m.* movie theater: **ir al cine** to go to the movies

círculo *m.* circle

ciudad *f.* city

ciudadano(-a) citizen

claramente clearly

clase media *f.* middle class

clavel *m.* carnation

cliente *m. & f.* customer, client

clima *m.* climate

cobrar to charge (a price); to collect (money as payment)

cobre *m.* copper

colega *m. & f.* colleague

colgar to hang

comentario *m.* comment

comenzar to begin

comerciante *m. & f.* merchant, businessperson

como as, like: **así como** as well as

comodidad *f.* comfort, convenience

cómodo, -a   comfortable
compañero(-a)   companion
compañía *f.*   company
compartir   to share
compasivo, -a   compassionate,
   sympathetic
completar   to complete
completo, -a   complete: **por com-**
   pleto   completely
comprar   to buy
comunicar   to communicate, pass
   on
con   with: **con tal que**   provided
   that
con tal que   provided that
condiscípulo(-a)   classmate, fellow
   student
conferencia *f.*   lecture
confiar en   to confide in
conmigo   with me
conmovido, -a   moved, stirred
conocer   to know, be acquainted
   with; to meet (make the acquain-
   tance of)
conquista *f.*   conquest
conseguir   to get, obtain
consejero(-a)   counselor, advisor
consentir   to consent
considerar   to consider
consistir en   to consist of
consultorio   *m.*   doctor's office, ex-
   amining room; (newspaper) ad-
   vice column
contado: al contado   (for) cash
contador(-a)   accountant
contar   to count; to tell, relate, nar-
   rate; **contar con** to count on

contento(-a)   happy, content
contestación *f.*   answer, reply
contestar   to answer
contigo   with you (*fam. sing.*
   [**tú**])
contiguo, -a   adjoining
continuar   to continue
convenir   to agree
corona *f.*   crown
corresponsal *m. & f.*   correspon-
   dent
corte *f.*   court
cosa *f.*   thing: **cosa de**   about, approximately
costa *f.*   coast
costo *m.*   cost: **el costo de la vida**
   the cost of living
costumbre *f.*   custom
creer   to believe
criado(-a)   servant
crítico *m. & f.*   critic
cruzar   to cross
cualquier   whatever, whichever,
   any
cuenta *f.*   account; **caer en**
   cuenta   to catch on; **tener en**
   cuenta   to keep in mind, take
   into account
cuero *m.*   leather
cueva *f.*   cave
cuidado *m.*   care: **con cuidado**
   carefully
cuidar   to take care (of)
culpa *f.*   guilt, blame
cultura *f.*   culture
cumpleaños *m.*   birthday
cumplir   to fulfill, comply

cuna *f.* cradle
cuñada *f.* sister-in-law
cuñado *m.* brother-in-law
cuota *f.* fee, dues
curandero(-a) folk healer, herbalist
curso *m.* course
cuyo, -a whose

D
dama *f.* lady
dar to give; **dar a** to face; **dar con** to come upon; **dar gritos** to shout; **dar la mano a** to shake hands with; **dar un paseo** to take a walk (ride); **darse cuenta de** to realize
de arriba abajo from top to bottom, up and down
de cerca closely
de compras shopping
de pie standing
de repente suddenly
de venta for sale
de veras really
debajo de below, underneath
deber to owe; to have to, ought to, must; **deber de** must (probably): **debe de costar mucho** it must cost (probably costs) a lot; **deber** *m.* duty
decentemente decently
decidir to decide
decir to say: **decir para sí** to say to oneself
dedicar to dedicate

dejar to leave (something); to let (allow); **dejar caer** to drop
delito *m.* crime
demorar to delay
demostrar to demonstrate
dentro de within, inside (of); **dentro de poco** within (after) a short while
dependiente(-a) clerk, employee
deporte *m.* sport
deportividad *f.* sportsmanship
derretirse (i) to melt
desarrollar to develop
desatento, -a inattentive
desayuno *m.* breakfast
descansar to rest
descanso *m.* rest
descendiente m. & *f.* descendant
desconocido, -a unknown
descubrimiento *m.* discovery
descubrir to discover; to disclose, reveal
desde since, from
desencadenarse to break out
deseo *m.* desire, wish: **tener deseos de** to be eager to
desesperado, -a desperate
desgracia *f.* misfortune; **por desgracia** unfortunately
desheredar to disinherit
desmayado, -a unconscious
despacho *m.* office, study, den
despedida *f.* farewell
despedirse (de) to take leave (of), say goodbye (to)
despertarse to wake up
desprecio *m.* scorn, contempt

destacarse   to excel
desventaja *f.*   disadvantage
detalle *m.*   detail
detenerse   to stop
devolver   to give back, return
dibujar   to draw, sketch
dictadura *f.*   dictatorship
diferencia *f.*   difference
difícil   difficult
dinero *m.*   money
dirección *f.*   address
director(-ora)   director, principal
dirigir   to direct: **dirigirse a**   to
  make one's way to, head for
disco *m.*   phonograph record
discurso *m.*   speech: **pronunciar
  un discurso**   to make a speech
discutir   to discuss
disponer   to dispose; **disponerse
  a**   to get ready to
distinguido, -a   distinguished
distraído, -a   distracted, absent-
  minded
divertirse   to enjoy oneself, to
  amuse oneself
doble *m.*   double
doloroso, -a   painful
domicilio *m.*   residence
domingo *m.*   Sunday
dormitorio *m.*   bedroom
dote *f.*   dowry (*family wealth that
  the bride brings to the marriage*)
duda *f.*   doubt
dueño(-a)   owner
dulce   sweet; *m.* candy; **dulces**
  sweets, candies
durante   during

durar   to last
duro, -a   hard

E

echar   to throw
edad *f.*   age; **edad de matrimonio**
  marriageable age
edificio *m.*   building
efecto: en efecto   in fact
ejemplar *m.*   copy
ejemplo *m.*   example
embargo: sin embargo   however,
  nevertheless
empezar   to begin
empleo *m.*   job
en busca de   in search of
en cuanto a   as for, as far as . . . is
  concerned
en efecto   in fact
enamorado, -a   in love: **estar en-
  amorado/a de** to be in love with;
  los enamorados perplejos the
  lovelorn
encaje *m.*   lace
encaminarse   to set out, make
  one's way
encantado, -a   charmed, enchanted
encanto *m.*   charm, enchantment
encintado *m.*   curb
encontrar   to find; to meet, encounter; **encontrarse**   to be (located or situated)
enero *m.*   January
enfermero(-a)   nurse
enfermo, -a   sick, ill; *also m.& f.
  noun*   patient, sick person
enfocar (sobre)   to focus (upon)

engañar to deceive
enojarse to get angry
enojo *m.* anger, annoyance
enriquecerse to get rich, become wealthy
enseguida at once, immediately
enseñar to teach
entender to understand
entero, -a entire
enterrar to bury
entierro *m.* burial
entonces then; **en aquel entonces** at that time
entre between, among
entregar to hand over, deliver
entrenador *m.* coach trainer
entretenimiento *m.* entertainment
entrevistarse con to interview
entusiasmado, -a enthusiastic
entusiasmo *m.* enthusiasm
enviar to send
época *f.* epoch, age, period
equipo *m.* team
equivocarse to be mistaken
erudito, -a erudite, learned; *also m. & f. noun*
escafandra autónoma *f.* scuba-diving outfit
escoger to choose
escolar school *(adj.)*; **trabajo escolar** schoolwork
esconder to hide
escribir to write
escritor(-a) writer
escudo *m.* coat of arms
escultor *m.* sculptor
escultora *f.* sculptress

esfuerzo *m.* effort
eslabón *m.* link
espantoso, -a frightful
espectador(-a) spectator
espejo *m.* mirror
esperanza *f.* hope
esperar to hope; to expect; to wait (for)
espontáneamente spontaneously
esposa *f.* wife
esposo *m.* husband
esquí acuático *m.* water skiing
esquiar to ski
esquimal *m. & f.* Innuit (Eskimo)
esquina *f.* street corner
estación *f.* season; station: **estación de subterráneo** subway station
estacionar(se) to park
estadio *m.* stadium
estado *m.* state; **los Estados Unidos** the United States
estancia *f.* farm, ranch
estanciero(-a) farm/ranch owner
estar to be; **estar a sus anchas** to be at one's ease, to feel at home; **estar conforme** to agree; **estar para** to be about to; **estar a punto de** to be on the point of, about to
estatua *f.* statue
estilo *m.* style
estimar to esteem, value highly
estrecho, -a narrow
estrella *f.* star
estrenarse to make one's debut

estreno *m.* premiere, first performance

estudiante *m. & f.* student

estudiar to study: **estudiar para médico (para abogado)** to study medicine (law)

estupendo, -a remarkable, stupendous

europeo, -a European

excentricidad *f.* eccentricity, odd or unconventional behavior

exigente fussy, demanding

éxito *m.* success; **tener (mucho) éxito** to be (very) successful

expediente *m.* dossier, record: **expediente académico** school record

explicar to explain

expresivo, -a warm, effusive

extensión *f.* length

extranjero(-a) foreigner; *also adj.* foreign; **en el extranjero** abroad

extraño, -a strange

extraordinario, -a extraordinary

F

fábrica *f.* factory

fabuloso, -a fabulous

falta *f.* lack; **sin falta** flawless, without fail

farándula *f.* show business

fascinante fascinating

felicidad *f.* happiness

felicitar to congratulate

feliz happy; (*pl.* **felices)**

fiebre *f.* fever

fielmente faithfully

fiesta *f.* party, celebration

fijar to fix: **fijar la mirada en** to stare at; **fijarse en** to notice, pay attention to

fila *f.* row

fin *m.* end: **a fines de** at (towards) the end of; **al fin** finally; **por fin** finally

final *m.* end; **al final de** at the end of

financiero, -a financial

física *f.* physics

flaco, -a thin, skinny

flan *m.* custard

florecer to flourish

fomentar to encourage, promote

fondo *m.* bottom; **a fondo** thoroughly

forma *f.* shape, form

formar to form

fracaso *m.* failure

franqueza *f.* frankness

frase *f.* sentence

frecuentemente frequently

freno *m.* brake

frente a in front of

frigorífico *m.* cold-storage plant

fuente *f.* source; fountain

fuerte strong

fuerza *f.* force, strength

función *f.* performance

fundar to found

G

ganadería *f.* cattle-raising

ganado *m.* cattle

ganar to earn; to win; **ganarse la vida** to earn one's living

gastar to spend (money)

gasto *m.* expense

gato *m.* cat

general: por lo general in general, generally

gente *f.* people

geográfico, -a geographic(al)

gerente *m.* & f. manager

gitano(-a) Gypsy

gobierno *m.* government

gordo, -a fat

gorra *f.* cap

gozar de to enjoy

gracias thanks; **dar las gracias a** to thank

graduada *f.* alumna

graduado *m.* alumnus

grato, -a pleasant

gritar to shout

grito *m.* shout, cry, scream; **dar gritos** to shout, scream

guapo, -a handsome, beautiful

guardar silencio to remain silent

guardar to keep; **guardar cama** to stay in bed

guerra *f.* war

guía *m.* & f. guide

guiar to guide; to drive

gustar to like ("to be pleasing to"), to enjoy; **me gusta(n)** I like it (them); **¿te gustó el espectáculo?** did you enjoy the show?

H

había there was, there were; **habrá** there will be

habitación *f.* room; home dwelling

habitante *m.* & f. inhabitant

hace poco (tiempo) a short time ago

hacendado(-a) landowner

hacer to do, make; **hacerle caso a** to notice, pay attention to (someone); **hacer caso de** to pay attention to; take into account; **hacer cola** to stand in line; **hacer el papel de** to play the role of; **hacerse** to become; **hacerse cargo de** to take charge of

hacienda *f.* estate

hallar to find

hasta till, until

hay there is, there are; **¿qué hay?** what's the matter?

helado *m.* ice cream

heredar to inherit

heredera heiress

heredero heir

hermoso, -a handsome, beautiful

herrero *m.* blacksmith

hidalgo *m.* minor nobleman

hielo *m.* ice

hispano, -a of Spanish or Spanish-American origin; *also noun* Hispanic

historiador(-a) historian

hombre *m.* man

hombro *m.* shoulder

honrado, -a honorable, honest

honrar to honor
hora hour; (clock) time
hoy today; **hoy día** nowadays;
  hoy mismo this very day
huérfano, -a orphan; *also noun*
huésped *m. & f.* guest
huir to flee
humilde humble
humo *m.* smoke
hundido, -a sunken
hundirse to sink

I

idealismo *m.* idealism
iglesia *f.* church
igual equal, (the) same
impedir to prevent
imperio *m.* empire
ímpetu *m.* impetus, stimulus
imponente imposing
impuesto *m.* tax
incaico, -a Inca *(adj.)*
incapaz incapable
incendio *m.* fire, conflagration
inclinarse to bend down, bend over
indígena *m. & f.* native
influencia *f.* influence
infundir to instill
ingeniero *m.* engineer
Inquieto, -a uneasy, worried
insistir to insist
inteligencia *f.* intelligence
inteligente smart, intelligent
interés *m.* interest
interesante interesting
interesarse (en *or* **por)** to be interested (in)

invitado, -a guest
ir to go; **ir de pesca** to go fishing; **irse a pique** to sink; **ir de
  compras** to go shopping; **irse**
  to leave, go away
isla *f.* island

J

jarabe *m.* syrup
jaula *f.* cage
jefe(-a) chief, leader, head
joven *(pl.* **jóvenes)** young; **de
  joven** as a young man (woman)
joya *f.* jewel
jubilado, -a retired
jubilarse to retire
juntar to join, connect
junto a next to
juntos, -as together

K

kilómetro *m.* kilometer (*about
  5/8 of a mile*)

L

labio *m.* lip
labor *m.* work
labrador *m.* farmer
lado *m.* side
ladrón(-ona) thief
lago *m.* lake
lágrima *f.* tear
lancha *f.* launch, lifeboat,
  speedboat
largo, -a long
lechón *m.* suckling pig
leer to read

lejano, -a distant, far away; **el Lejano Oeste** the Far West

lejos far; **a lo lejos** in the distance; from afar

lengua *f.* language

lentamente slowly

levantarse to get up

leve slight

línea *f.* line

litoral *m.* coastline

llamar to call; **llamar a la puerta** knock at the door

llano, -a flat

llanura *f.* plain

llegada *f.* arrival

llegar (a) to arrive (at), to reach; **llegar a ser** to get to be, to become

llenar to fill

lleno, -a full

llevar to carry; to take (someone) to wear; **llevarse bien (con)** to get along (with); **llevarse un chasco** to be disappointed

llorar to weep, cry

lo que what (that which): **vi lo que pasó** I saw what happened

lograr + *inf.* to succeed in, manage to

loro *m.* parrot

lotería *f.* lottery

lucha *f.* struggle

luchar to struggle, fight

luego then, afterward

lugar *m.* place, site; **en lugar de** instead of; **tener lugar** to take place

lujo *m.* luxury; **de lujo** deluxe, luxurious

lujoso, -a luxurious

luna *f.* moon; **luna de miel** honeymoon

lunar *m.* mole (*body*)

M

madera *f.* wood

madre *f.* mother

magnífico, –a magnificent

mañana *f.* morning; tomorrow

mandar + *inf.* to have (something done): **mandó construir una casa** he had a house built

mano *f.* hand; **darle la mano a** to shake hands with

manso, -a tame

manta *f.* tablecloth

mar *m.* sea; **el Mar Caribe** the Caribbean Sea

maravilla *f.* marvel, wonder

maravilloso, -a marvelous, wonderful

marcado, -a marked

margen: al margen de on the edge of

marido *m.* husband

más more, most

materia *f.* school subject

materno, -a maternal

matrimonio *m.* marriage; married couple; **edad de matrimonio** marriageable age

maya *m. & f.* Maya; (*adj. m. & f.*) Mayan

mayor greater, greatest, older

mayoría *f.* majority
mecánico *m.* mechanic
medianoche *f.* midnight
mediante by means of
médico(-a) doctor, physician
medio, -a half; middle; **en media
hora** in half an hour
medio: por medio de by means of
mejilla *f.* cheek
mejor better, best
mencionar to mention
menos less, fewer; **por lo menos**
at least
mensaje *m.* message
merecer to deserve
mesa *f.* table, desk
mestizo, -a of European and
American Indian ancestry; *also
m. & f. noun.*
meter to put (into)
metro *m.* meter (1.1 yards or 3.3
feet); subway
metrópoli *f.* metropolis
miedo *m.* fear; **darle miedo a** to
frighten; **tener miedo** to be
afraid
mientras (que) while
mil (a) thousand
milagro *m.* miracle
mimar to pamper, spoil
mirada *f.* look, glance
mirar to look at
mismo, -a same
modo *m.* manner, means; **de todos modos** by all means
mojado, -a wet
molestar to bother, disturb

momento *m.* moment
moneda *f.* coin
monstruo *m.* monster
montaña *f.* mountain
montañoso, -a mountainous
montar to mount; **montar a
caballo** to go horseback-riding
morir(se) (ue) to die
moro(-a) Moor (*The Moors were a
"blend" of Arabs and Berbers
[North Africans]. Their religion
was* Islam, *and their dominant language and culture was Arabic.*)
mostrar to show
motivo *m.* motive, reason
mudar to change; **mudarse de
casa** to move (change residence)
muerte *f.* death
mujer *f.* woman; **la mujer de Juan**
John's wife
multitud *f.* crowd
mundo *m.* world; **todo el mundo**
everybody; **el mundo entero**
the whole world

N
nacer to be born
nación *f.* nation
nada nothing
naipes *m. pl.* playing cards; **jugar
a los naipes** to play cards
naturalmente naturally
necesitar to need
negarse (a) to refuse (to)
negocios *m. pl.* business (affairs)
nevado, -a snow-covered

nevera *f.* icebox, refrigerator
ni ... ni... neither . . . nor; **ni siquiera** not even
nieve *f.* snow
niño(-a) child
nivel *m.* level
noche *f.* night
nombre *m.* name
norte north; **en el norte de** in the northern part of
norteamericano, -a North American; *(also noun)* native of the United States
nota *f.* mark, grade
notar to notice
noticia *f.* piece of news, news item; *pl.* news
novia *f.* fiancée; bride
novio *m.* fiancé; groom
nublado, -a cloudy
nueve nine
nuevo, -a new
nunca never

O
obrero(-a) worker, laborer
obstante: no obstante nevertheless
ocupado, -a busy; occupied
oeste *m.* west
oferta *f.* offer
oficio *m.* trade, profession; **de oficio** by trade (profession)
ofrecer to offer
oír to hear; **oír hablar de** to hear about
ojal *m.* buttonhole
ojo *m.* eye; **ojos negros** dark

eyes; **en un abrir y cerrar de ojos** in the twinkling of an eye
ola *f.* wave
olor *m.* odor
olvidar to forget
oportunidad *f.* opportunity
orar to pray; to make a speech
orfanato *m.* orphanage
organizar to organize
orgullo *m.* pride; **tener orgullo de** to take pride in, be proud of
orgulloso, -a proud
orilla *f.* shore
oro *m.* gold
oscuridad *f.* darkness
otro, -a other, another

P
página *f.* page
pago *m.* payment; **pago demorado** delayed payment
país *m.* country
paja *f.* straw
pájaro *m.* bird
pala *f.* shovel
palabra *f.* word
panameño, -a Panamanian; *also noun* a native of Panama
para for; (in order) to; **¿para qué?** what for?; **para sí** to oneself: **ella dijo para sí** she said to herself
paraguas *m.* umbrella
parecer to seem; **al parecer** apparently; **¿qué te parece mi traje nuevo?** how do you like (what do you think of) my new suit?;

¿**qué te parece ir al cine?** how about going to the movies?;
parecerse a   to resemble, look like
pared *f.* wall
pareja *f.* couple
pariente(-a) relative (*family*)
parque *m.* park
parte *f.* part
partida *f.* departure
partir to leave, depart
pasajero(-a) passenger
pasar to pass; to happen, occur; to spend (time); **¿qué te pasa?** what's the matter with you? what's wrong?; **pasar un buen rato** to have a good time
pasatiempo *m.* pastime, hobby
paseo *m.* walk, ride; **dar un paseo** to take a walk (ride)'
pasión *f.* passion
patín *m.* skate
patria *f.* motherland, fatherland
payaso *m.* clown
paz *f.* peace
pedir to ask for, request; to order (*in a restaurant*)
película *f.* film, movie
peligro *m.* danger
peligroso, -a dangerous
pensamiento *m.* thought: **pensar (en)** to think (about); **pensar+** *inf.* to plan (intend) to
peón *m.* laborer, worker
perder to lose; **perder cuidado** not to worry: **pierda Ud. cuidado** don't worry

periódico *m.* newspaper
periodista *m. & f.* journalist
permitir to permit
pero but
perro *m.* dog
persona *f.* person; *pl.* people: **había muchas personas allí** there were many people there
personal *m.* staff, personnel
personalidad *f.* personality
pertenecer to belong
peruano, -a Peruvian; (*also noun*) native of Peru
pesar: a pesar de in spite of
pesca *f.* fishing; **ir de pesca** to go fishing
pescador *m.* fisherman
pescar to fish
peseta *f.* the basic monetary unit of Spain
peso *m.* the name used in several Hispanic countries for their basic monetary unit
petróleo *m.* petroleum, crude oil
pie *m.* foot; **a pie** on foot, walking; **de pie** standing
pierna *f.* leg
piña colada *f.* drink made with pineapple juice
pintar to paint
pintor(-a) painter
pintoresco, -a picturesque
piragua *f.* canoe; flavored ice cone (*Puerto Rico*)
plata *f.* silver
plato *m.* dish
playa *f.* beach

plaza *f.* square

pobreza *f.* poverty

poder to be able, can; **no poder menos de** not to be able to help: **no puedo menos de reírme** I can't help laughing

policía *m. & f.* police officer; *also f.* the police

poner to put, place; **ponerse** to become (involuntarily): **se puso pálido** he became pale; **ponerse a** + *inf.* to begin to; **ponerse de acuerdo** to agree; **ponerse el abrigo (los guantes, ...)** to put one's coat (one's gloves, . . .); **ponerse en camino** to start out

por by, for, through, because of, for the sake of; **por consiguiente** consequently, therefore; **por desgracia** unfortunately; **por lo tanto** for that reason, therefore; **por lo visto** apparently, evidently; **por medio de** by means of; **por parte de** on the part of; **por supuesto** of course; **por último** finally

portátil portable

porteño(-a) native of Buenos Aires; *(also adj.)* pertaining to Buenos Aires

portezuela *f.* door (of a vehicle); **portezuela trasera** rear door

porvenir *m.* future

poseer to possess

posibilidad *f.* possibility

posibilitar to make possible

postre *m.* dessert; **de postre** for dessert

pozo *m.* well

precolombino, -a pre-Columbian (before Columbus´s arrival to America)

predilecto, -a favorite

pregunta *f.* question; **hacer una pregunta** to ask a question

preguntar to ask

premiar to reward

premio *m.* prize; **premio gordo** first prize

preocupado, -a worried; **estar preocupado/a por** to be worried about

prepararse to prepare oneself

prestar to lend; **prestar atención** to pay attention

pretendiente *m. & f.* suitor (someone interested in marriage)

primo(-a) cousin

principal main, chief **principio** *m.* beginning; **a principios de** at the beginning of

prisa *f.* hurry; **a toda prisa** as quickly as possible; **tener prisa** to be in a hurry

problema *m.* problem

producir to produce

promedio *m.* average

promesa *f.* promise

prometer to promise

pronto soon; **lo más pronto posible** as soon as possible

propiedad *f.* property

propina *f.* tip, gratuity

propio, -a own
propósito *m.* purpose; **a propósito** by the way
próspero, -a prosperous
proyecto *m.* project
prueba *f.* test
pueblo *m.* town; people (nation); **el pueblo español** the Spanish people
puente *m.* bridge
puerto *m.* port
pues well
puesto *m.* position, post, job; (vendor's) stand or booth
puñal *m.* dagger
puño *m.* fist; handle (of a cane, umbrella, . . .)
punto *m.* point; **en punto** sharp *(clock time):* **a las 10 en punto** at 10 o'clock sharp;
puntualmente punctually
pupitre *m.* (pupil's) writing desk
puro, -a pure

Q

quedar to be left; **quedan cinco minutos** five more minutes (there are five minutes left); **quedarse** to stay remain; **quedarse con** to keep, choose: **me quedo con ése** I'll take that one
quejarse to complain
quemar to burn
querer to want, wish; to love
química *f.* chemistry
quincallería *f.* hardware, store
quinto, -a fifth

quitar to remove; **quitarse el abrigo (los guantes, ...)** to take off one's coat (one's gloves, . . .)
quizá(s) perhaps

R

rascacielos *m.* skyscraper
rasgo *m.* feature, characteristic
rato *m.* while; **pasar un buen rato** to have a good time
rayo *m.* ray
receta *f.* prescription
rechazar to reject
recibir to receive
recibo *m.* receipt
recién recently; **el/la recién llegado/a** the newcomer
recoger to pick up
recompensa *f.* reward
reconocer to recognize
reconocimiento *m.* medical examination; gratitude
recordar to remember; to remind
recorrer to travel, cover (a distance); **recorrí los seis kilómetros a pie** I walked the six kilometers
recorte *m.* clipping
recurso *m.* resource
red *f.* net
reemplazar to replace
reflexionar to think, reflect
refresco *m.* refreshment
regalar to give a present (gift)
regalo *m.* present, gift; **regalo de cumpleaños** birthday present
regresar to return, go back

regreso *m.* return; **estar de regreso** to be back; **viaje de regreso** return trip

relámpago *m.* flash of lightning

reloj *m.* clock; **reloj de pulsera** wristwatch

remedio *m.* remedy; **no hay remedio** it can't be helped

renunciar to renounce, give up

repasar to go over again, to review

repente: de repente suddenly

repetir to repeat

res: carne de res beef

respetuoso, -a respectful

responder to answer, respond

respuesta *f.* reply

restos *m. pl.* remains

resultado *m.* result

resultar to result

retrato *m.* portrait

revelar to reveal, show

reverencia *f.* bow

revista *f.* magazine

rey king; **los Reyes Magos** the Three Wise Men

rincón *m.* corner

riqueza *f.* wealth

ritmo *m.* rhythm

robar to rob, steal

robo *m.* robbery, theft

roca *f.* rock

rodear to surround

rodilla *f.* knee; **de rodillas** on (to) one's knees

rogar to beg

romper to break

rosal *m.* rosebush

roto, -a broken

rubio, -a blond

ruido *m.* noise

ruidoso, -a noisy

ruina *f.* ruin

rústico, -a person who lives in the country

S

saber to know; found out *(preterite)*; **saber + *inf.*** to know how (to do something)

sabio(-a) scholar, scientist, wise person

sabroso, -a tasty, delicious

sacar to take out; to serve the ball *(tennis, ping-pong, . . .)*; **sacar una foto** to take a picture or snapshot

saco *m.* sack, bag

sala *f.* living room; **sala de clase** classroom; **sala de espera** waiting room

salida *f.* departure; exit

salir (de) to leave, go out; **salirse con la suya** to have (get) one's way

salón *m.* lounge, hall, gallery, parlor; **salón de actos** auditorium

saltar to jump (over)

salud *f.* health

saludar to greet

salvar to save (rescue)

sangre *f.* blood

saque *m.* serve *(sports)*

seguir to follow; to continue

según according to

seguridad *f.* security, safety

seguro, -a sure; safe

selva *f.* forest

semana *f.* week; **la semana pasada** last week; **la semana que viene** next week

semejante similar

senador(-ora) *m.* senator

señal *f.* sign, signal

señalar to indicate, point at

senda *f.* path

sentido *m.* sense; **sentido del humor** sense of humor

sentir(se) to feel

ser to be; **ser de** to belong to; to become of: **¿qué ha sido de él?** what has become of him?

servir to serve; **servir de** to serve as; **servir para** to be good for: **no sirve para nada** it's of no use whatever; **¿en qué puedo servirle?** what can I do for you?

sí yes; **sí que...** certainly, indeed; (*used for emphasis*) **¡sí que llegan a tiempo!** they do come on time!; **¡sí que hice mi tarea!** I did do my homework!

siempre always; **para siempre** forever

siesta *f.* afternoon rest, nap

siglo *m.* century

siguiente following

silbar to whistle

silencio *m.* silence

simpático, -a nice, likable (person)

sin without; **sin embargo** however, nevertheless

siquiera: ni siquiera not even

sírvase Ud. (sírvanse Uds.) + *inf.* please

sistema *m.* system

sitio *m.* site, location

situado, -a situated

sobrar to exceed, be more than enough; **sobrarle algo a uno** to have an excess (more than enough) of something, have left (over)

sobre on, over; about, concerning; **sobre todo** above all, especially

sobresaliente outstanding

sobrina *f.* niece

sobrino *m.* nephew

sociedad *f.* society

socio(-a) partner; member

socorro *m.* help

sol *m.* sun

sólamente only

solemne solemn

soler + *inf.* to be in the habit of, accustomed to; usually

sollozar to sob

sollozo *m.* sob

sólo only

solo, -a alone

soltero, -a unmarried, single; *also noun*: bachelor, bachelorette

someterse a to submit, to undergo

soñar con to dream of; to think of (about)

sonrisa *f.* smile

soportar to bear, withstand

sorprendido, -a surprised

sorpresa *f.* surprise

sorteo *m.* lottery drawing

sortija *f.* ring

sospechar to suspect

subir to rise, climb, go up

súbitamente suddenly

subterráneo *m.* subway

subyugar to overpower

Sudamérica *f.* South America

sudoeste *m.* southwest

sueldo *m.* wage, salary

suerte *f.* luck; **tener suerte** to be lucky

sumamente exceedingly, very

suntuoso, -a sumptuous, lavish, luxurious

supuesto: por supuesto of course

sur *m.* south; **al sur de** south of; in the southern part of

suyo, -a (of) yours, his, hers, theirs: **una amiga suya** a friend of his (hers, yours, theirs)

T

tal such (a); **tal(-es) como** such as; **tal vez** perhaps; **con tal que** provided that

taller *m.* workshop; studio

también also, too

tampoco either, neither

tanto, -a so much; as much; **por lo tanto** for that reason, therefore;

tantos, -as so many, as many

tardar en + *inf.* to be late in, take long, to take (time) to: **tardé dos horas en llegar allí** it took me two hours to get there

tarde *f.* afternoon

tarea *f.* task; **tareas escolares** homework

tarifa *f.* fare

tarjeta *f.* card

temblante trembling

temer to fear

tempestad *f.* storm

templado, -a temperate

temprano early

tenedor(-ora) de libros bookkeeper

tener to have; **tener afición por** to like, be fond of; **tener... años** to be ... years old; **tener deseos de** to be eager to; **tener ganas de** to feel like; **tener lugar** to take place; **tener prisa** to be in a hurry; **tener suerte** to be lucky

terminar to end

terremoto *m.* earthquake

territorio *m.* territory

tesoro *m.* treasure

testamento *m.* will

testarudo, -a stubborn

tiburón *m.* shark

tiempo *m.* time; weather: **a tiempo** on time; **¿cuánto tiempo hace que...?** how long ago ... ?, how long has it been since ... ?; **¿qué tiempo hace?** how's the weather?

tierno, -a tender

tierra *f.* land

típico, -a typical

tipo *m.*   type

titularse   to be entitled, to have the title

título *m.*   college degree; title, (*also* title of nobility)

tocar   to touch; to play (a musical instrument); **tocarle a uno**   to be one's turn: **¿a quién le toca?** whose turn is it?

todavía   yet, still

tomar   to take; to drink (*in Spanish America*)

tonto(-a)   fool; *also adj.*   foolish, silly

torero *m.*   bullfighter

torre *f.*   tower

tortilla *f.*   a round thin cake of unleavened cornmeal or wheat flour

trabajador(-a)   worker; *adj.*   hardworking

trabajar   to work

trabajo *m.*   work

traer   to bring

trasero, -a   rear; **asiento trasero** back seat (*of a car, for example*)

tratar de   to deal with; **tratar de +** *inf.* to try to; **tratarse de**   to be a question of

tribu *f.*   tribe

trigo *m.*   wheat

trineo *m.*   sled, sleigh

triste   sad

tristeza *f.*   sadness

triunfo *m.*   triumph

trofeo *m.*   trophy

tropezar (ie)   to stumble; **tropezar**

con   to come upon, stumble upon

trueno *m.*   thunder, thunderclap

tumba *f.*   tomb

turista *m. & f.*   tourist

U

último, -a   last, latest; **por último** finally

único, -a   only

universidad *f.*   university, college

usar   to use; to wear

V

vacaciones *f. pl.*   vacation; **estar (ir) de vacaciones**   to be (to go) on vacation

vacilar (en)   to hesitate (to)

valentía *f.*   bravery

valer   to be worth; **más vale +** *inf.*   it is better (more worthwhile): **más vale salir temprano** it's better to leave early

valiente   brave

valor *m.*   value

vaquero *m.*   cowboy

vaso *m.*   glass

vasto, -a   vast

vecindad *f.*   vicinity

vecindario *m.*   neighborhood

vecino(-a)   neighbor; *adj.*   neighboring

vegetal *m.*   vegetable

vena *f.*   vein

Venecia *f.*   Venice

venganza *f.*   revenge

venir   to come

venta *f.* sale; **en venta** for sale
ventaja *f.* advantage
ventana *f.* window
ventanilla *f.* window (of a train, car, or other vehicle)
ver to see; **a ver...** let's see . . .
veraniego, -a pertaining to the summer
veras: de veras really
verdadero,-a true
vez time; **raras veces** rarely; **a la vez** at the same time; **a su vez** in his (her) turn; **otra vez** again; **tal vez** perhaps
viajar to travel
viaje *m.* journey, trip; **viaje de regreso** return trip
viajero(-a) traveler
vida *f.* life; **el costo de la vida** the cost of living; **ganarse la vida** to earn one's living
viejo, -a old; *noun:* old man, old woman

viento *m.* wind
visitar to visit
víspera *f.* eve
viuda *f.* widow
vivir to live
volver (ue) to return, go back; **volver a +** *inf.* to . . . again: **volvió a verlos** he saw them again; **volver en sí** to come to, regain consciousness
voz *f.* voice
vuelta *f.* return

Y

ya already
yate *m.* yacht
yerba mate a herb used in South America to brew a popular kind of tea called "mate"

Z

zaguán *m.* vestibule
zanco *m.* stilt